Wendi Gratz

Ich kann 500 Dinge STICKEN

Bassermann

ISBN 978-3-8094-4177-9

2. Auflage 2023

Die Originalausgabe erschien auf Englisch unter dem Titel *How to embroider almost everything*

Fotos: Glenn Scott Photography

Zeichnungen: Wendi Gratz

Projektleitung dieser Ausgabe: Dr. Iris Hahner
Umschlaggestaltung: Atelier Versen, Bad Aibling
Übersetzung: Herta Winkler
Satz: Dr. Alex Klubertanz
Herstellung: Elke Cramer

Penguin Random House Verlagsgruppe FSC® N001967

Druck und Bindung: 1010 Printing

Printed in China

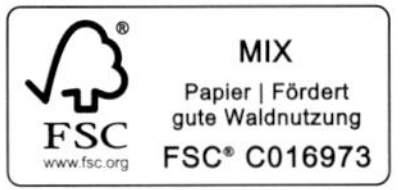

Danksagung

Ein Buch zu schreiben ist nie ein einsames Unterfangen, und dieses Buch erforderte noch mehr Teamwork als üblich. Großer Dank geht an Kat Roberts und Sarah Watson. Diese beiden wunderbaren Stickerinnen vollendeten die Vorlagen für das Buch, als meine Hand und mein Handgelenk beschlossen zu streiken.

Vielen Dank an Joy Aquilino, die mich beauftragte, dieses Buch zu schreiben, und an Anne Re, die es so hübsch ausstattete.

Dank an meine Super-Agentin Kate McKean. Du bist die Beste!

Ein großes Dankeschön an all die glücklichen Menschen, die von meinen Tutorials lernen und mir die Projekte zeigen, die nach meinen Vorlagen entstanden sind. Ihr Enthusiasmus inspiriert mich jeden Tag!

Und einen ganz besonderen Dank an meinen Mann und meine Tochter für die vielen, wirklich vielen Male, an denen ich ihnen einen Block vor die Nase gehalten und sie gefragt habe: »Sieht das aus wie ein Hamster/ein Flugzeug/eine Kettensäge/ein Zwerg/ein Mojito/ein Schnuller/ein Stegosaurus?«

Inhalt

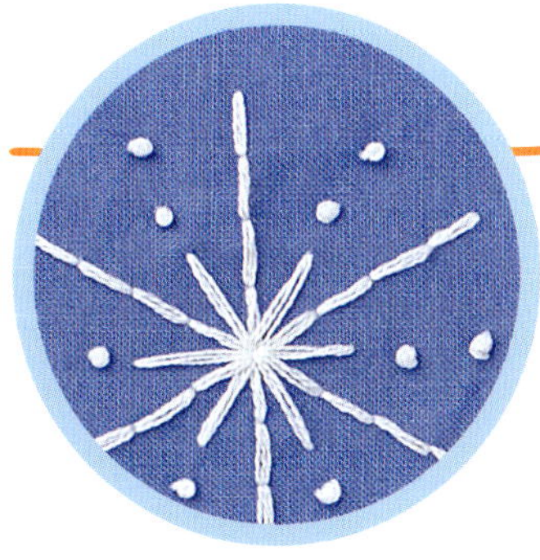

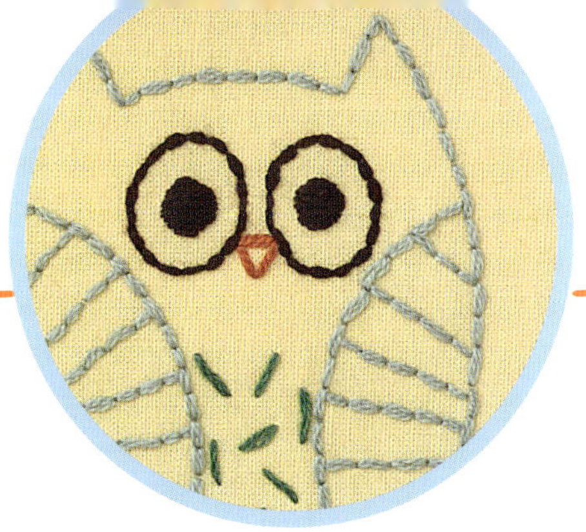

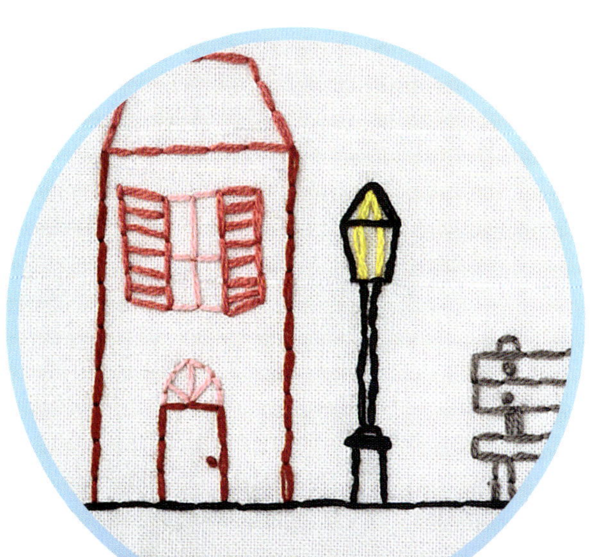

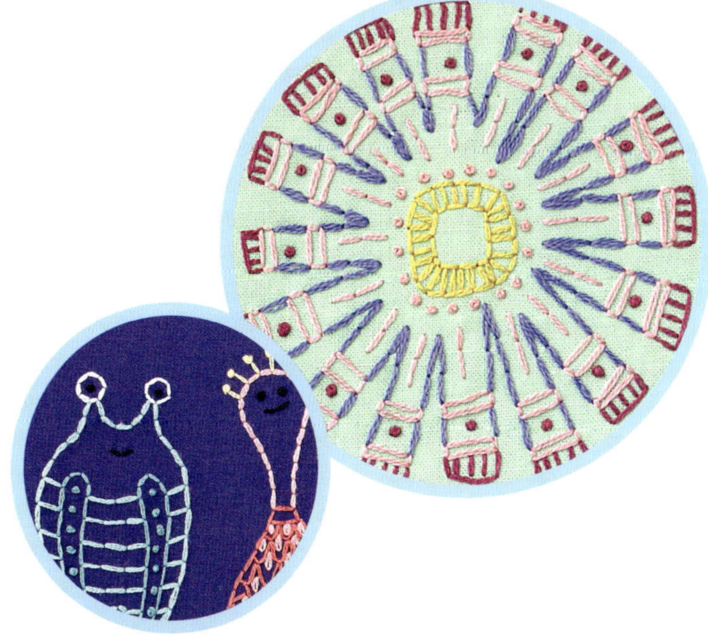

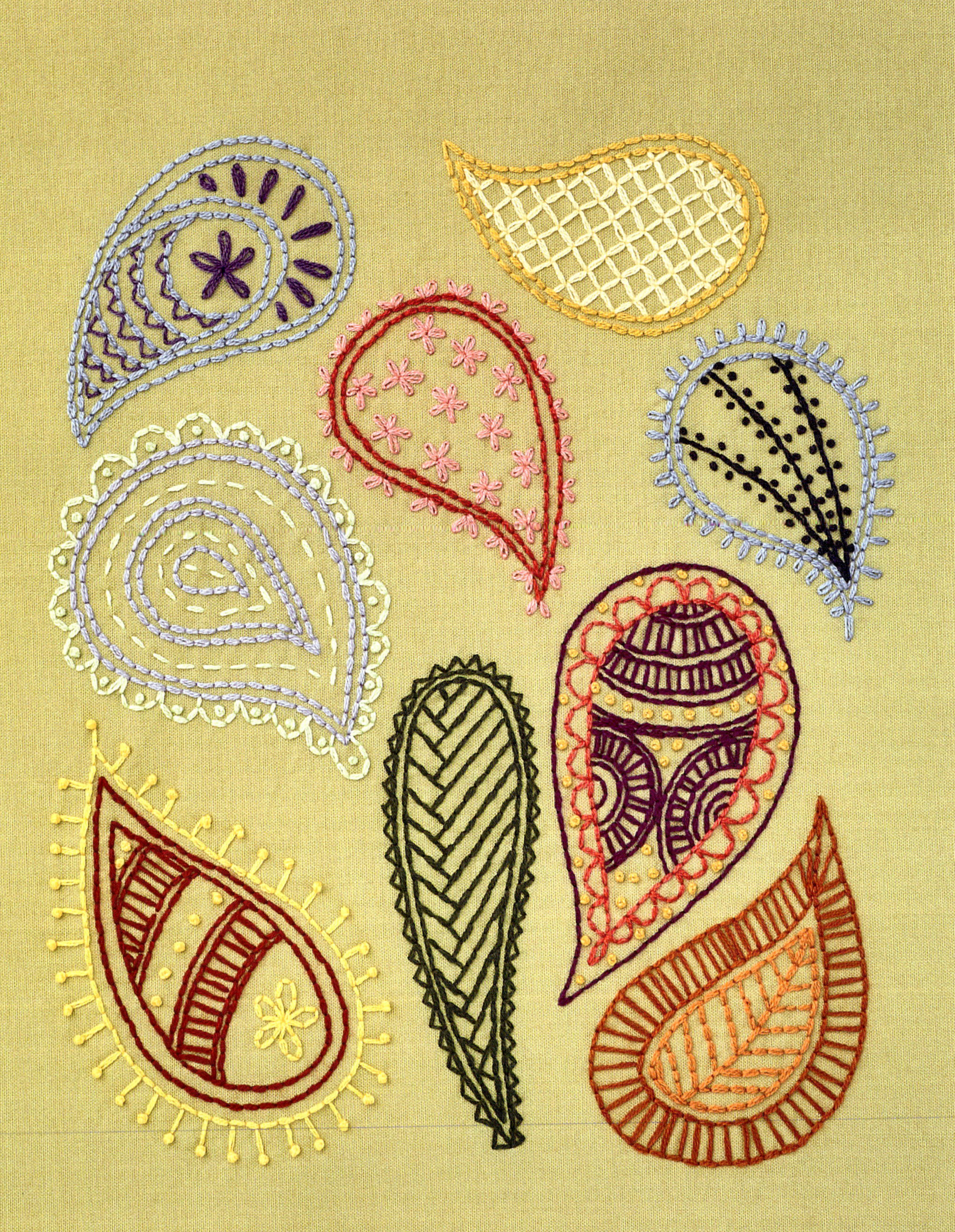

Einführung

Sticken bedeutet für mich Malen in Zeitlupe – mit Nadel und Faden. Es ist die schönste Art und Weise, ein paar Minuten oder Stunden zu verbringen. Ich sticke gern beim Fernsehen, aber auch vor dem Kaminfeuer, ganz ohne Musik oder TV im Hintergrund, und höre nur auf das leise Geräusch des Garns, wenn ich es durch den Stoff ziehe. Für mich ist das wie eine Meditation.

Selbst wenn ich für meine fertige Stickerei keine Verwendung habe, so liebe ich den Arbeitsprozess. Doch es gibt so viele Anwendungsmöglichkeiten für Ihre Werke. Sie können zum Beispiel Ihre Kleidung mit einem Stickmotiv verzieren. Eine kleine Blumenbordüre am Saum Ihrer Jeans, ein Vogel auf dem Kragen, süße Kätzchen, die auf einem Schal herumflitzen, eine attraktive Borte am Hut – das alles sieht großartig aus.

Sie können auch ein Reagenzglas und einen Bunsenbrenner auf einen Rucksack sticken, leckeres Gemüse auf Ihre Einkaufstasche, bunte Cocktails auf Stoffservietten, Küchengeräte auf Ihre Geschirrtücher. Sofakissen, Tischläufer, Stoffschuhe – überall gibt es Stoff, der von Ihnen mit Nadel und Faden verschönert werden möchte.

Gestickt wird seit Jahrhunderten und es existieren Enzyklopädien voller komplizierter Stiche und Muster. Doch im Grunde genommen brauchen Sie nur Linien, Punkte und Tropfen. Mit nur ein paar Grundstichen, die Sie auf den folgenden Seiten lernen, lässt sich alles sticken, was Sie sich vorstellen können. In diesem Buch finden Sie etwa 500 Motive – von Alligatoren, Fahrrädern, Maiskolben bis zu Waschmaschinen, Yuccapalmen und Zebras. Viel Spaß damit! Machen Sie sie größer oder kleiner! Verwenden Sie jede Farbe, die Ihnen gefällt! Besticken Sie alles, was sich mit einer Nadel durchdringen lässt!

Und dann – machen Sie weiter. Alles, was Sie zeichnen können, können Sie auch sticken. Besticken Sie Ihre Welt und haben Sie Spaß dabei. :-)

Jetzt geht's los

Stickmaterial, Werkzeug, Zubehör und Grundstiche – das ist alles, was Sie brauchen, um die tollen Motive in diesem Buch nachzuarbeiten.

Stoff, Garn, Rahmen und Nadeln

Zum Sticken brauchen Sie nur wenig Zubehör. Alles, was Sie benötigen, ist Stoff, eine Nadel und Garn. Ein Stickrahmen, um den Stoff zu spannen, und Material, um die Vorlagen auf den Stoff zu übertragen, erleichtern die Arbeit, sind aber nicht unbedingt nötig.

Hier kommen einige Informationen über Stoff, Garn und mein bevorzugtes Zubehör, damit Sie gleich starten können.

STOFF

Wenn Sie eine Nadel durch ein Material stechen können, können sie es auch besticken. Ich habe Fliegengitter bestickt, Holz und sogar Metall (nachdem ich zuvor Löcher gebohrt habe), aber mit Stoff geht es am leichtesten und mit nicht dehnbarem Stoff am allerbesten. Für Anfängerinnen empfehle ich unbedingt einen glatten, festen, nicht dehnbaren Stoff. Er kann schwer sein (wie Jeansstoff) oder leicht (wie ein Store). Wenn Sie einen leichten, dünnen Stoff verwenden, können Sie Vlieseline aufbügeln; sie verstärkt den Stoff und lässt die Rückseite der Stickerei nicht durchscheinen.

Bei einigen Stoffen, zum Beispiel T-Shirt-Gewebe, müssen Sie noch einige weitere Vorbereitungen treffen, um ihn leichter besticken zu können (siehe „Arbeiten mit verschiedenen Stoffen" Seite 12).

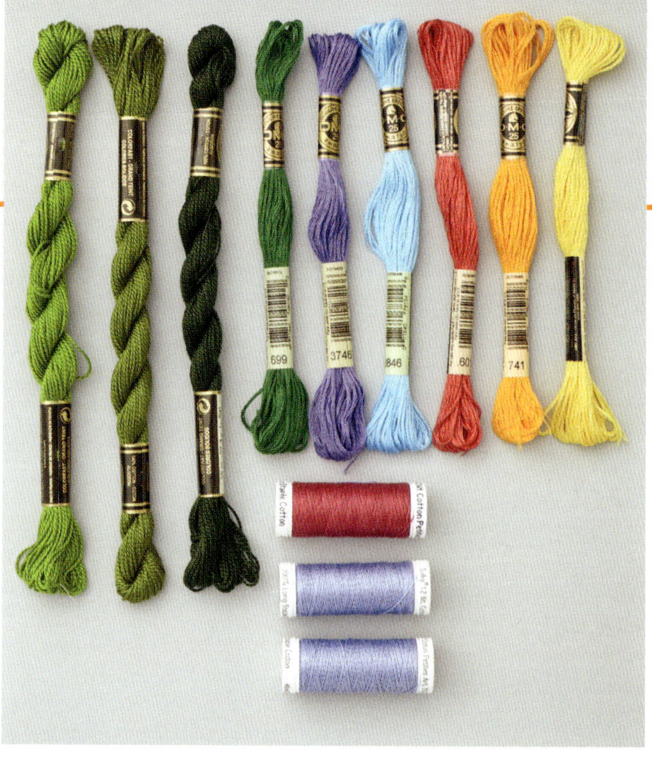

GARN

Wenn Sie es durch ein Nadelöhr ziehen können, können Sie damit arbeiten. Sticktwist, Band, Perlgarn, Kordel – selbst dünnes Seil, wenn Sie eine Nadel mit einem Öhr, das groß genug ist, finden – all das funktioniert gut.

Anfängerinnen empfehle ich einen sechsfachen Sticktwist. Er ist nicht teuer, es gibt ihn in sehr vielen unterschiedlichen Farben und er lässt sich leicht teilen, je nachdem, wie dick der Faden sein soll.

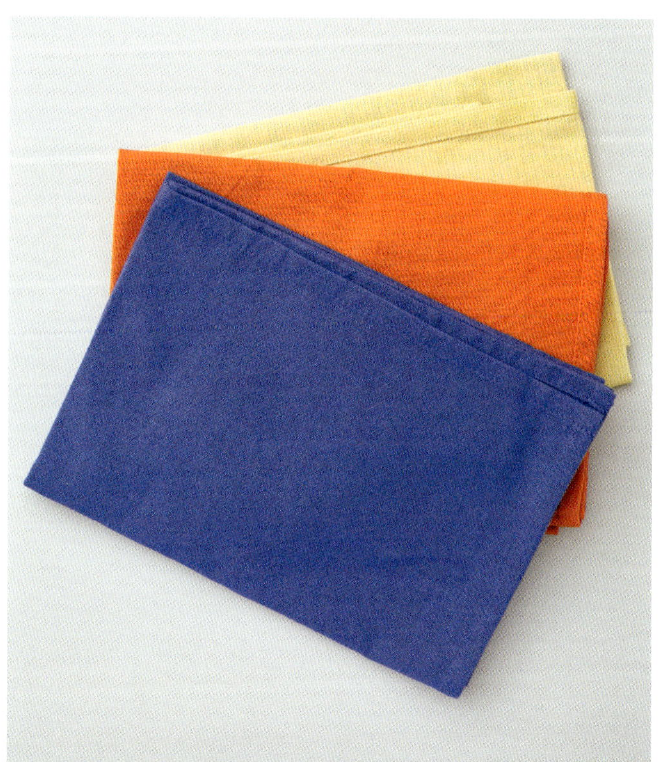

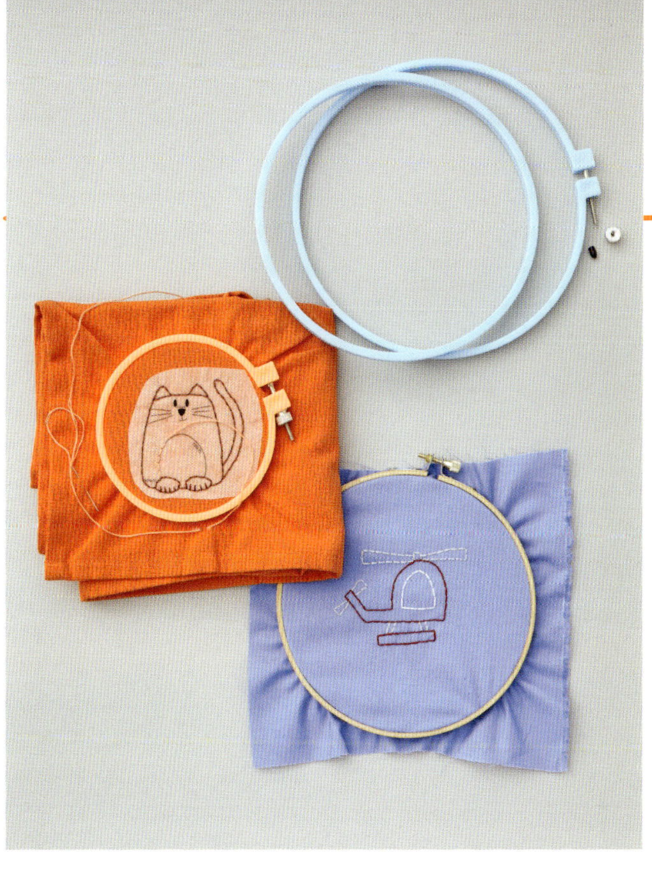

STICKRAHMEN

Stickrahmen gibt es in verschiedenen Größen. Sie halten den Stoff glatt und gespannt und erleichtern präzises Sticken. Ich bevorzuge bunte Kunststoffrahmen mit großen Schrauben, die sich leicht spannen lassen. Hölzerne Rahmen sind günstig und einfach zu beziehen; prüfen Sie aber, ob sie glatt sind, damit Sie sich keinen Spreißel einziehen und der Stoff nicht beschädigt wird. Ich empfehle eine kleine Auswahl mit unterschiedlichen Durchmessern: 10, 19 und 31 cm sind gängige Größen.

NADELN

Sticknadeln sind länger als Nähnadeln. Sie können Nadeln in verschiedenen Größen im Set kaufen. Mit fünf bis zehn Nadeln lassen sich die meisten Stickarbeiten bewältigen.

Wenn Sie besonders dickes Garn verwenden möchten, kaufen Sie sich Chenille-Nadeln, die ein größeres Öhr haben als die üblichen Sticknadeln. Teppichnadeln haben auch ein großes Öhr, aber eine stumpfe Spitze und sind für die meisten Stoffe nicht geeignet.

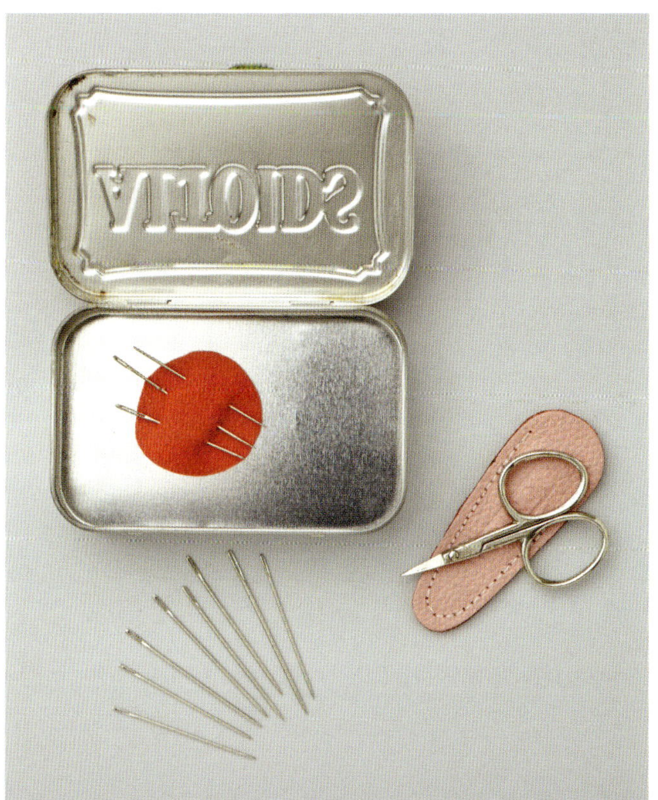

Ihr Toolkit für die Handtasche

Das ist alles, was Sie brauchen! Ich verstaue meine Stickutensilien (Nadeln in unterschiedlichen Größen und eine kleine, scharfe Schere) in einer alten Blechdose, damit ich sie mitnehmen kann. Sticken ist eine fantastische Beschäftigung, die überall möglich ist.

Muster übertragen

Es gibt mehrere Möglichkeiten, um Stickvorlagen auf den Stoff zu übertragen; zwei einfache erkläre ich hier etwas genauer. Sie können das Motiv direkt auf den Stoff zeichnen, zum Beispiel mit einem Bleistift oder radierfähigem Stift oder Sie können Stabilisator-Folie bzw. -Vlies verwenden, zum Beispiel von Solvy® (siehe Seite 128).

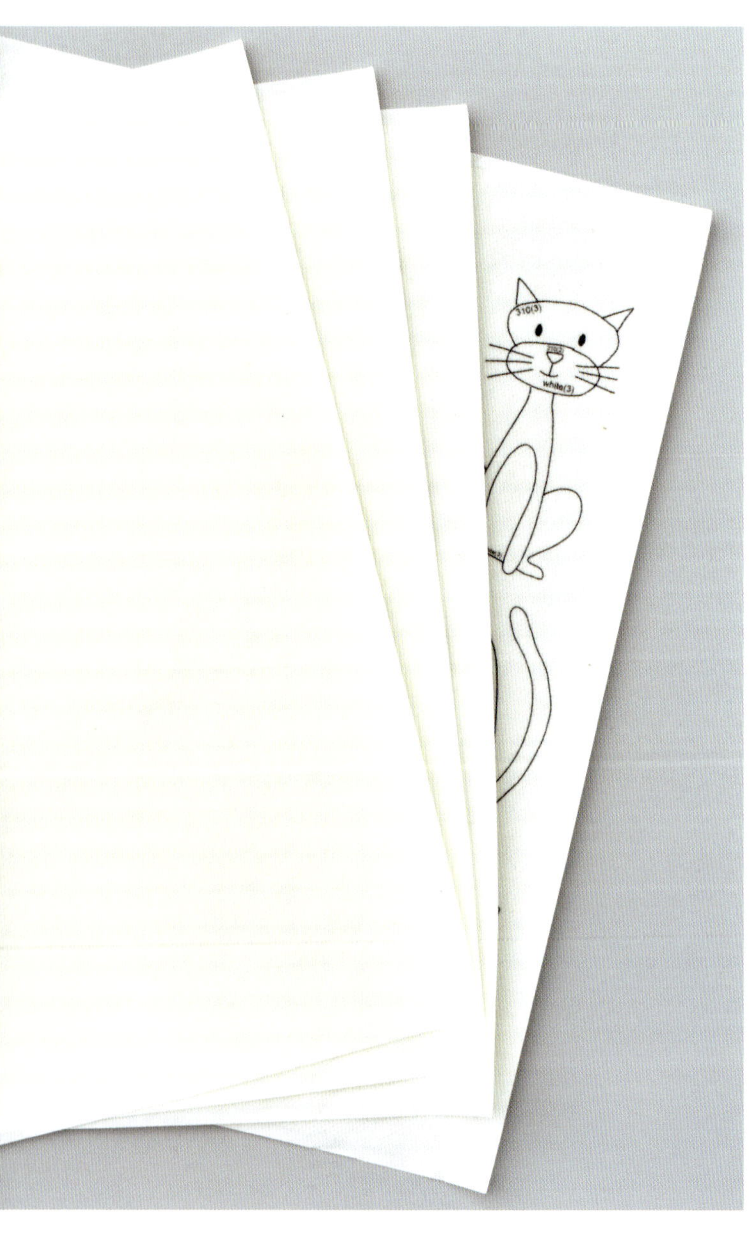

ZUBEHÖR

Stifte: Ein normaler Bleistift funktioniert gut; ich benutze auch gerne den nächstgelegenen Kugelschreiber. In den meisten Fällen überdecken Ihre Stickstiche die vorgezeichneten Linien – daher brauchen Sie keine ausgeklügelten Werkzeuge. Wenn Sie Bedenken haben, dass die Striche später noch zu sehen sind (vielleicht sticken Sie mit besonders dünnen Fäden?), können Sie wasserlösliche oder selbstlöschende Stifte verwenden. Bei großen Projekten sollten Sie aber vorsichtig mit den selbstlöschenden Stiften sein – sie könnten verschwinden, bevor die Arbeit fertig ist, das hängt vom Stoff und der Luftfeuchtigkeit ab.

Stabilisatoren: Es gibt verschiedene Arten von Stabilisatoren, entweder Folien oder Vliese, die ausreißbar oder wasserlöslich sind. Ich benutze am liebsten Sulky Sticky Fabri-Solvy®. Ich nenne es das magische Stickerei-Hilfsmittel, weil man damit einfach alle Stoffarten besticken kann. Damit kann man den Stoff stabilisieren und das Muster übertragen. Es haftet auf der **Vorderseite** des Stoffes und eignet sich auch gut für dunkle und strukturierte Stoffe wie Jeansstoff, Filz, Samt, Frottee, Fleece und Stretch. Ich benutze es derzeit für alle meine Stickarbeiten, weil ich faul bin und nicht gern durchpause. Es ist wirklich magisch!

SO BENUTZT MAN STIFTE

Mit Bleistiften, Kugelschreibern und löslichen Stoffstiften überträgt man die Vorlagen am besten auf glatte, leichte und helle Stoffe. Und so wird's gemacht:

1. Bügeln Sie Ihren Stoff glatt.
2. Kleben Sie Ihre Vorlage mit Malerkrepp an ein Fenster (oder auf einen Leuchtkasten).
3. Kleben Sie den Stoff über die Vorlage so, dass er nicht verrutschen kann.
4. Pausen Sie das Muster auf den Stoff durch.
5. Nehmen Sie den Stoff ab – und es kann losgehen mit dem Sticken!

SO BENUTZT MAN STABILISATOREN

Wenn Sie einmal eine Stabilisatorfolie verwendet haben, werden Sie Ihre Vorlagen nicht mehr auf andere Weise übertragen wollen. Es ist so einfach!

Stabilisatoren sind durchsichtig, daher ist es normalerweise sehr einfach, das Muster zu erkennen. Sie können es aber dennoch an ein Fenster kleben, dann wird es noch deutlicher. Der Stoff ist durch die Folie etwas verschwommen zu sehen; wählen Sie den Stift oder die Druckertinte daher sorgfältig. Zarte Linien sieht man gut, wenn Sie den Stabilisator auf einem hellen Stoff verwenden, aber auf einem dunklen Stoff können sie schlecht zu erkennen sein. Wenn Sie nicht sicher sind, schneiden Sie ein kleines Stück Folie ab und platzieren es auf Ihrem Stoff, um zu prüfen, ob Sie das Muster erkennen können (wenn nicht, verstärken Sie die Linien mit einem dunkleren Stift).

1. Drucken oder zeichnen Sie das Stickmuster auf den Stabilisator. Sie können die Folie mit einem Laser- oder Tintenstrahldrucker bedrucken oder das Muster mit einem Stift nachzeichnen.
2. Ziehen Sie das Schutzpapier von der Rückseite des Stabilisators ab und kleben Sie ihn auf die Vorderseite des zu bestickenden Stoffes. Die Folie ist wie eine zweite Stoffschicht. Spannen Sie den Stoff in den Rahmen und sticken Sie durch beide Lagen.
3. Wenn Sie fertig sind, weichen Sie den Stoff in kaltem Wasser ein (ich lasse meine Arbeiten eine gute Stunde einweichen, bis der Stabilisator breiig geworden ist). Der Stabilisator löst sich auf wie durch Zauberei. Spülen Sie den Stoff mit kaltem Wasser und außer einer hübschen Stickerei bleibt nichts zurück.

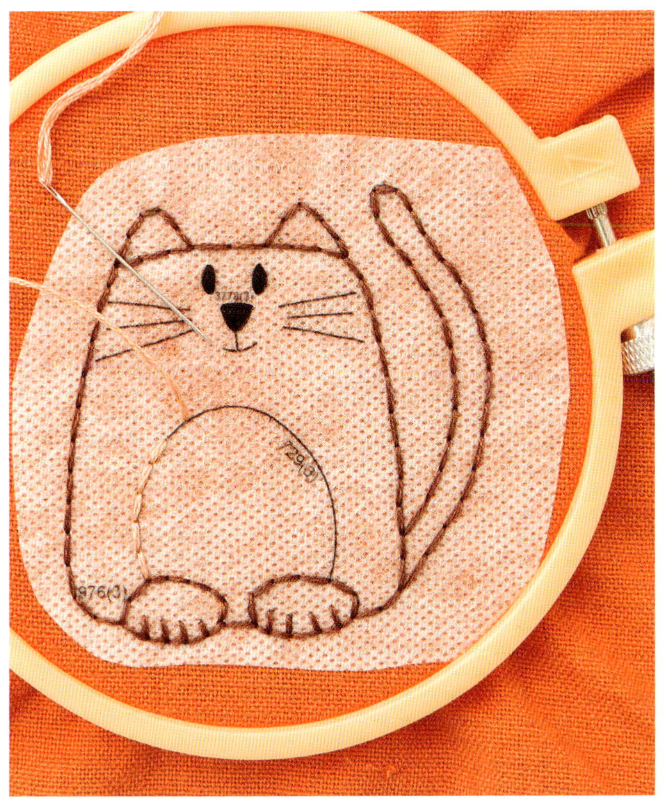

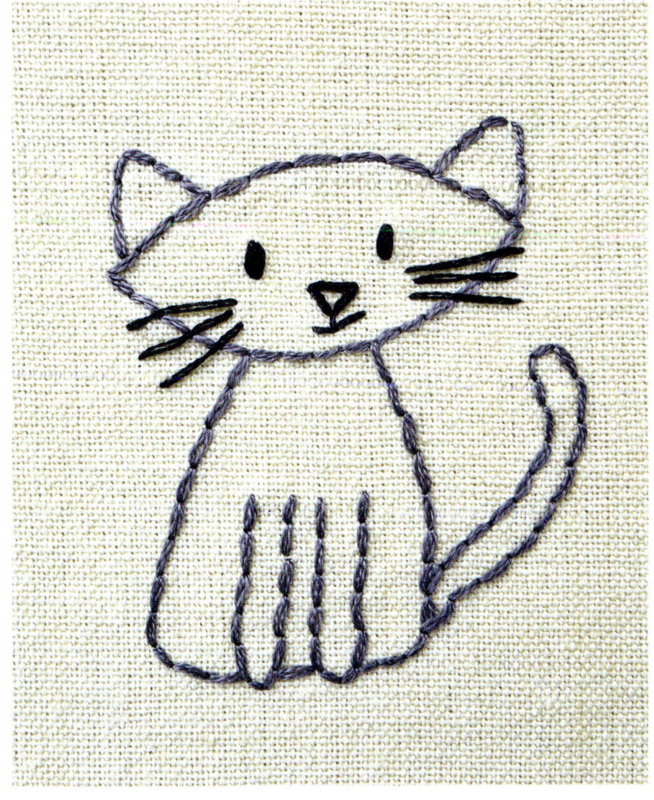

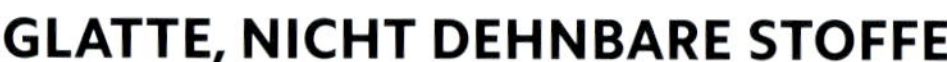

Arbeiten mit verschiedenen Stoffen

Irgendwann werden Sie Ihre Stoffauswahl erweitern wollen. Es ist einfach, glatte, nicht dehnbare Stoffe vorzubereiten. Aber mit einigen Stoffen ist es kniffliger als mit anderen. Egal mit welchem Stoff Sie arbeiten: Bügeln Sie ihn erst, um alle Falten zu beseitigen.

Was ist, wenn der Stoff dunkel ist oder sehr dick und Sie nicht durchsehen können? Was, wenn er hell ist und die Stiche von der Rückseite durchscheinen? Was, wenn der Stoff uneben, samtig oder flockig ist und Sie nicht darauf zeichnen können? Was ist mit dehnbaren Stoffen? Kein Problem – diese Stoffe brauchen nur eine kleine Spezialbehandlung.

GLATTE, NICHT DEHNBARE STOFFE

Auf diese Stoffe können Sie das Muster leicht mit Stiften oder Stabilisatorfolien übertragen – Sie haben die Wahl. Beide Methoden sind kinderleicht.

Leichte aufbügelbare Vlieseinlage

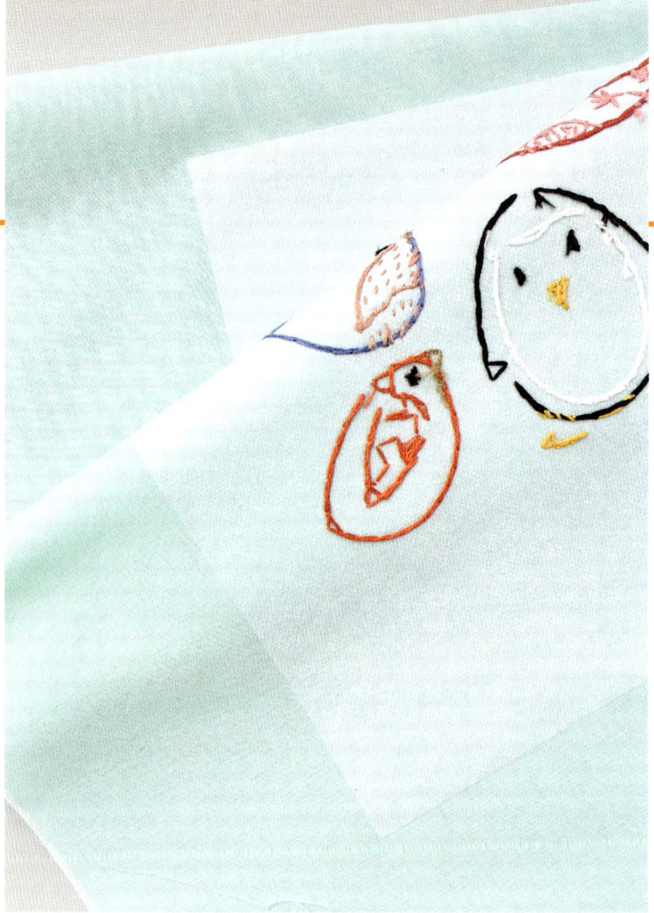

Stoffrückseite mit aufgebügelter Vlieseinlage

SEHR HELLE ODER DÜNNE STOFFE

Stickmuster auf diese Stoffe zu übertragen ist einfach, weil sie durchscheinend sind. Doch diese Transparenz kann auch Probleme verursachen. Wenn Sie sticken, müssen Sie öfter auf der Rückseite mit dem Faden von einem Stich zum anderen springen. Das ist kein Problem bei dunkleren oder dickeren Stoffen, aber bei dünnen und hellen Stoffen können diese Fäden durchscheinen, was nicht gut aussieht.

Die Lösung: Bevor Sie anfangen zu sticken, verstärken Sie die Rückseite Ihres Stoffes mit dünner, aufbügelbarer Vlieseinlage. Ich verwende gern Heat-n-Bond Lite, aber jede andere aufbügelbare Einlage ist ebenfalls geeignet. Heat-n-Bond Lite ist ein sehr dünnes Vlies mit winzigen Noppen auf einer Seite, die haftend sind. Legen Sie das Vlies mit den Noppen auf die Rückseite Ihres Stoffes und bügeln Sie die beiden Lagen zusammen, wie auf der Packung angegeben. Es ist kein großer Aufwand, aber diese Verstärkung wird unwillkommenen Durchblick verhindern.

DUNKLE, DICKE, UNEBENE, SAMTIGE, FLOCKIGE STOFFE

Durch dunkle und dicke Stoffe können Sie das Muster nicht sehen. Auf unebene, samtige und flockige Stoffe können Sie nicht zeichnen. Wie also überträgt man die Vorlagen auf diese Stoffe, damit man sie aussticken kann? Und was passiert, wenn die Stiche im Stoff verschwinden?

Die Lösung: Drucken oder zeichnen Sie das Muster auf den Stabilisator und fixieren Sie die Folie auf der Vorderseite des Stoffes. Das löst zumindest eines der Probleme.

Bei unebenen, samtigen oder flockigen Stoffen gibt es eine weitere Komplikation: Die Stiche können im Stoff verschwinden. Die Lösung ist, ein dickeres Garn zu verwenden, als in der Vorlage angegeben. Je flockiger der Stoff, desto dicker muss das Garn sein.

- Für Stoffe, die etwas samtig sind, wie Fleece, versuchen Sie es mit einem Extrafaden.
- Für Stoffe wie Samt verwenden Sie zwei Extrafäden.
- Für sehr flockige Stoffe wie ein Frotteehandtuch können Sie eventuell mehr als drei Extrafäden benötigen.

Tipp

Sie sollten zuerst ein kleines Probestück sticken. So können Sie sicher sein, dass Sie die richtige Anzahl an Fäden verwenden, damit das Stickmotiv gut aussieht – es müssen nicht mehr als ein paar Vorstiche sein.

DEHNBARE STOFFE

Wenn Sie ein T-Shirt oder andere elastische Gewebe besticken wollen, haben Sie das Problem der Elastizität. Wenn Sie den Stoff wie üblich in den Rahmen spannen, wird er sich leicht dehnen. Sie sticken dann ein wunderhübsches Motiv und alles sieht super aus, bis Sie den Rahmen entfernen und das Gewebe seinen Normalzustand einnimmt. Die Stickerei sieht plötzlich locker aus und die Stiche werden zu kleinen, losen Schlingen.

Die Lösung: Sie müssen verhindern, dass sich der Stoff dehnt, während Sie sticken. Dafür gibt es zwei Möglichkeiten.

- Sie können auf der Rückseite eine Vlieseinlage aufbügeln, wie bei den hellen oder dünnen Stoffen beschrieben. Das ist eine bleibende Lösung, die sich zum Beispiel gut für Sofakissen eignet. Bei Kleidungsstücken sollte sich jedoch der Stoff wieder dehnen, wenn die Stickarbeit fertig ist.
- Die Lösung ist Sulky Sticky Fabri-Solvy®. Das Vlies stabilisiert den Stoff, während Sie sticken, nimmt ihm aber nicht auf Dauer die Elastizität. Schneiden Sie den Stabilisator größer als den Stickrahmen zu, den Sie benutzen. Das kann viel größer als das Motiv sein, aber denken Sie daran, in diesem Fall dient das Vlies nicht nur zum Übertragen der Vorlage, sondern tatsächlich auch als Stabilisator. Kleben Sie die Folie auf die Vorderseite des Stoffes und spannen Sie beide Lagen zusammen in den Rahmen. Der elastische Stoff ist mit dem nicht elastischen Stabilisator verbunden und kann sich daher im Rahmen nicht dehnen. Sticken Sie Ihr Motiv, waschen Sie den Stabilisator aus und Ihr Stoff ist weiterhin elastisch und die Stickerei bleibt ansehnlich.

Anfang und Ende

Anfangen ist einfach, die Stickarbeit zu beenden ist aber etwas schwieriger.

SO GEHT'S LOS

Machen Sie einen kleinen Knoten am Ende des Garns. Knoten Sie nie die Garnenden zusammen. Sonst können Sie Fehler kaum mehr beheben.

Wenn Sie das Garn eingefädelt und an einem Ende den Knoten gemacht haben, haben Sie zwei Garnabschnitte. Der eine ist das Arbeitsgarn – der längere Teil zwischen Nadelöhr und Knoten –, der andere ist der Schwanz – der kürzere Teil ohne Knoten. Wenn es die Stickanleitung nicht anders vorgibt, starten Sie von der Stoffrückseite und ziehen das Garn durch. Der Knoten verhindert, dass Sie das Garn ganz durchziehen und die Stickstiche wieder auftrennen.

SO HÖRT'S AUF

Es ist etwas knifflig, das Garn am Ende so zu verknoten, dass der Knoten direkt am Stoff sitzt. Daher beenden Sie Ihre Stickarbeit am besten auf andere Weise. Nachdem Sie den letzten Stich gemacht haben, drehen Sie den Rahmen um. Führen Sie das Garn unter mehreren kleinen Stichen durch. Ich nehme immer die letzten drei Stiche und wechsle auch einmal die Richtung, falls möglich.

Hier sehen Sie die **Vorder-** und die **Rückseite** einer kleinen Raupe, die ich gestickt habe. Beachten Sie, wie ich die Nadel unter einigen fertigen Stichen auf der Rückseite durchgezogen habe, um das Garn zu vernähen. Schneiden Sie den restlichen Faden ab und Sie sind fertig. Bei dieser Methode scheint es, dass die Stiche ohne Knoten wieder aufgehen könnten, aber ich besitze Küchenhandtücher, die so lange gewaschen, getrocknet und wieder gewaschen wurden, bis sie zerschlissen waren, ohne dass sich die Stickerei aufgelöst hätte.

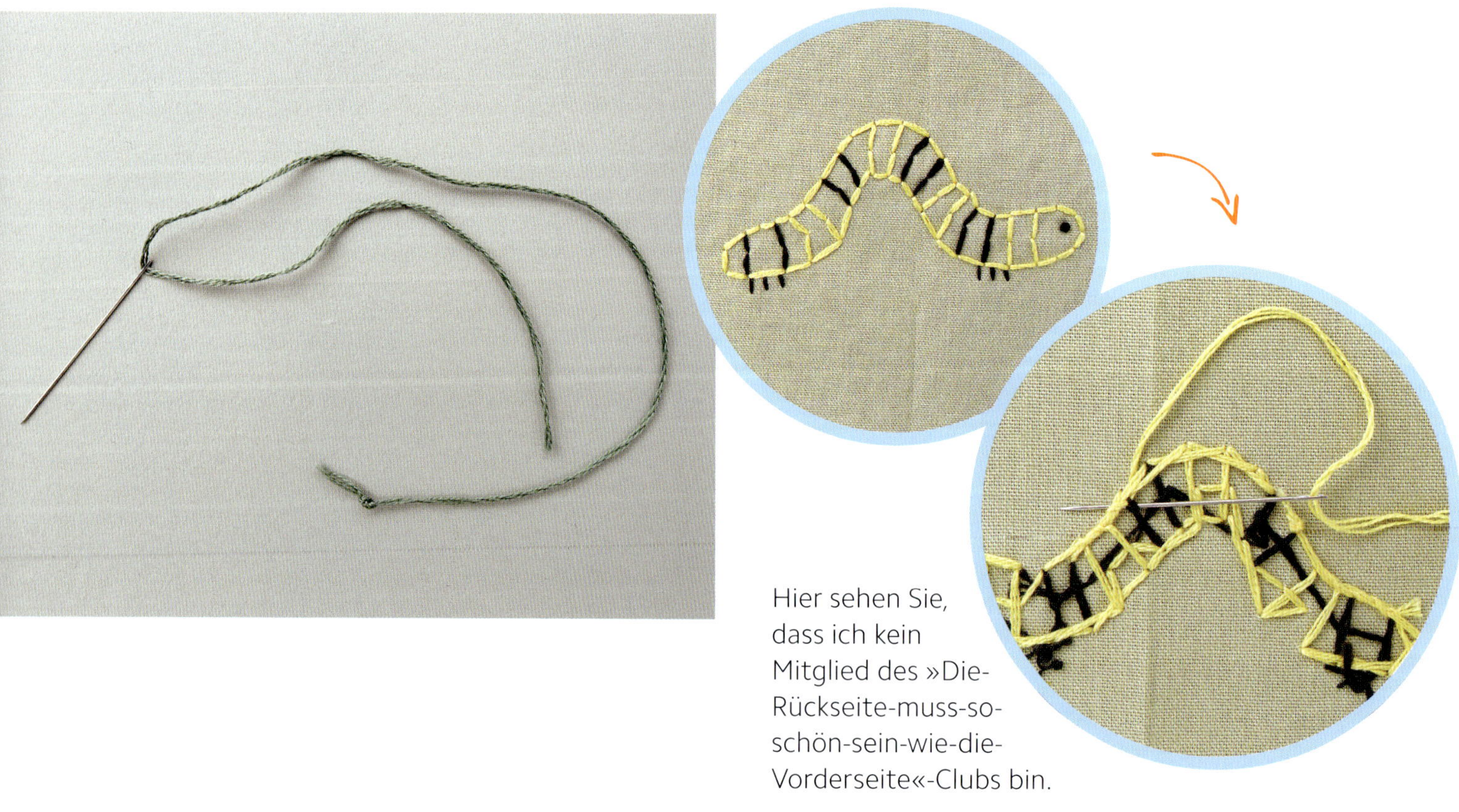

Hier sehen Sie, dass ich kein Mitglied des »Die-Rückseite-muss-so-schön-sein-wie-die-Vorderseite«-Clubs bin.

Die letzten Schritte

Wenn Sie Sulky Sticky Fabri-Solvy® oder einen anderen Stabilisator verwendet haben, müssen Sie den Stabilisator auswaschen. Den nassen Stoff können Sie in den Trockner geben oder trockenbügeln.

Haben Sie die Vorlage mit Hilfe von Stiften übertragen, müssen Sie nichts tun, weil die Stiche die Zeichnung in der Regel bedecken. Bei einem selbstlöschenden Stift verschwindet die Zeichnung mit der Zeit von selber und bei einem wasserlöslichen Stift feuchten Sie die Zeichnung nur etwas an und sie verschwindet ebenfalls. Wenn die Zeichnung nicht mehr sichtbar ist, bügeln Sie die Arbeit glatt.

Wenn Sie nicht möchten, dass Ihre Stiche flach gepresst werden, legen Sie ein gefaltetes Handtuch auf den Bügeltisch und darauf die Stickerei mit der Vorderseite nach unten. Das Handtuch schützt die Stiche davor, plattgedrückt zu werden. Stellen Sie das Bügeleisen so heiß ein, wie es der Stoff erfordert. Bügeln Sie mit Auf- und Abbewegungen ohne Dampf, bis der Stoff trocken und glatt ist.

Tipp

Wenn Ihr Stickrahmen einen hässlichen Rand auf dem Stoff hinterlassen hat, feuchten Sie die ganze Arbeit an. So verschwindet der Rand und Sie können das Ganze trocknen und bügeln.

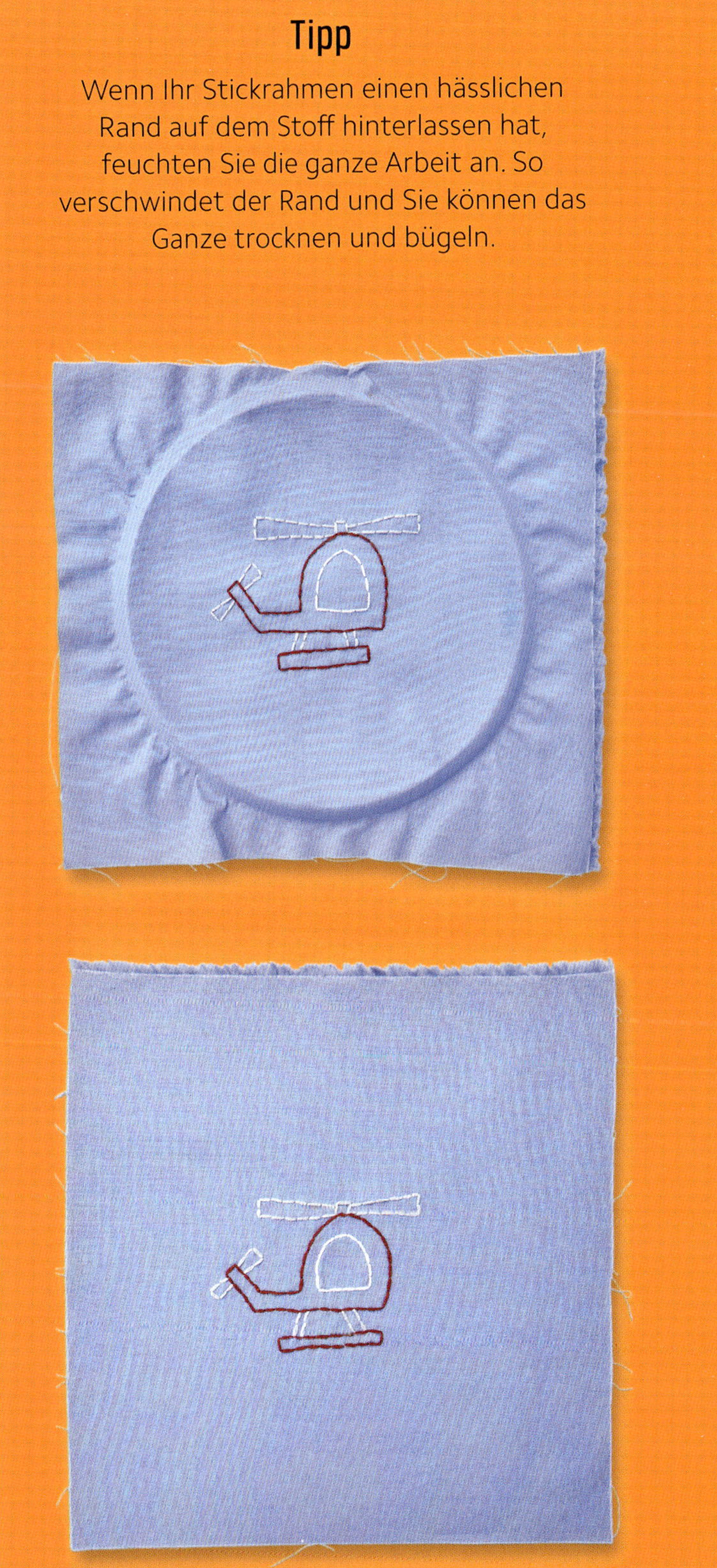

Die Grundstiche

Es gibt sehr viele unterschiedliche Stickstiche. Aber letztlich brauchen Sie nur wenige Grundstiche, um jedes beliebige Muster zu sticken. Soll ich Ihnen ein Geheimnis verraten? Die meisten dieser schicken, Enzyklopädien füllenden Stiche sind einfach nur Kombinationen der Grundstiche :-).

Vorstich

Der Vorstich ist der grundlegendste aller Stickstiche, aber lassen Sie sich nicht täuschen! Er ist ein wirklich vielseitiger Stich, den Sie für viele unterschiedliche Effekte nutzen können.

In den Stickvorlagen erscheinen *Vorstiche immer als kurze, gerade Linien*.

SCHRITT FÜR SCHRITT STICKEN

1. Machen Sie einen kleinen Knoten in das Garnende. Stechen Sie die Nadel von der Rückseite her durch den Stoff (A) und ziehen Sie das Garn auf die Vorderseite durch. Stechen Sie die Nadel dort zurück, wo der Stich enden soll (B) und ziehen Sie das Garn durch.
2. Fertig! Sie haben einen einfachen **Vorstich** gestickt.

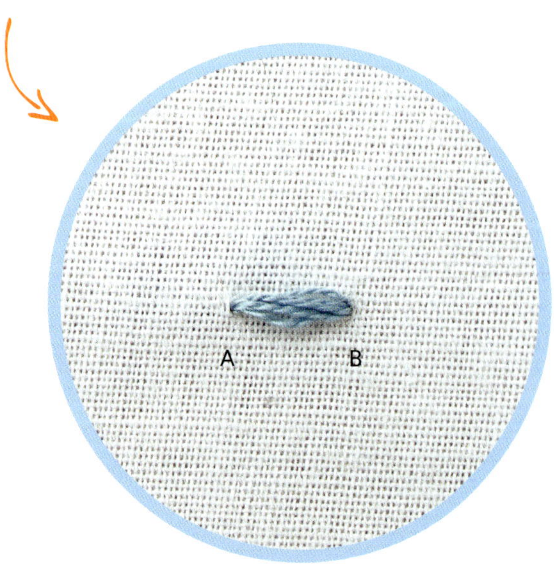

VORSTICH-VARIATIONEN

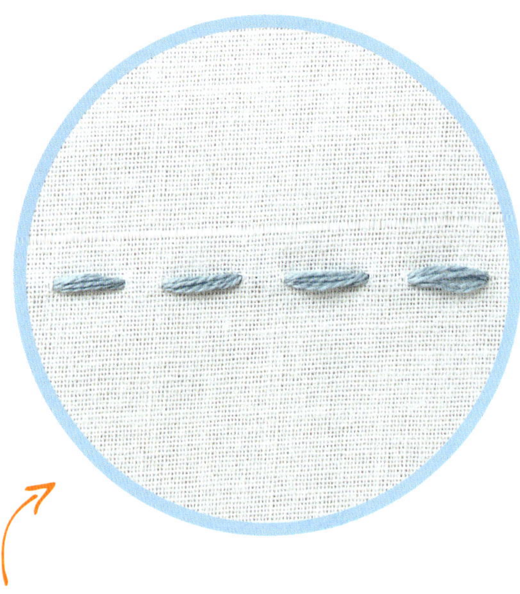

Eine Reihe von Vorstichen nennt man auch **Heftstiche**. Heftstiche sind dekorativ: Sie können damit Bewegung erzeugen wie beispielsweise die Flugbahn einer Hummel.

Mit einem Bündel unregelmäßiger Vorstiche kann man Struktur erzeugen, zum Beispiel für Fell oder für Grasbüschel.

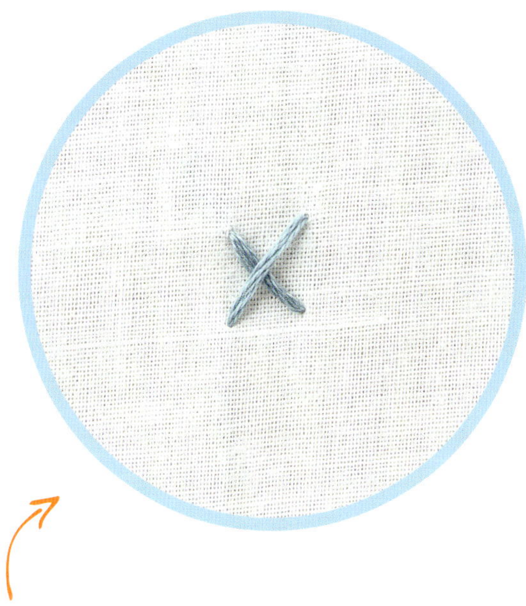

Für einen einfachen **Kreuzstich** sticken Sie ein Kreuz mit zwei Vorstichen. Wenn Sie eine Fläche mit Kreuzstichen füllen möchten, achten Sie darauf, dass Sie alle unteren Stiche in die gleiche Richtung sticken, und alle oberen Stiche (die das X vervollständigen) in die andere Richtung arbeiten. Machen Sie alle Stiche gleich lang und ausgerichtet – und Ihre Arbeit wird hübsch und ordentlich aussehen.

Einen netten kleinen **Stern** sticken Sie, indem Sie einen weiteren, waagrechten Stich über das Kreuz sticken.

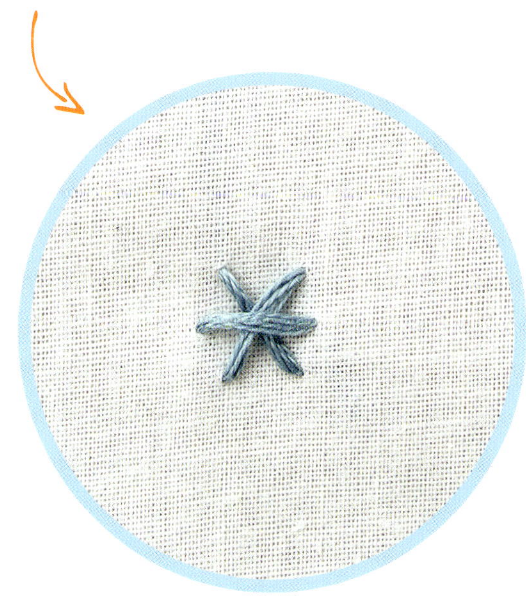

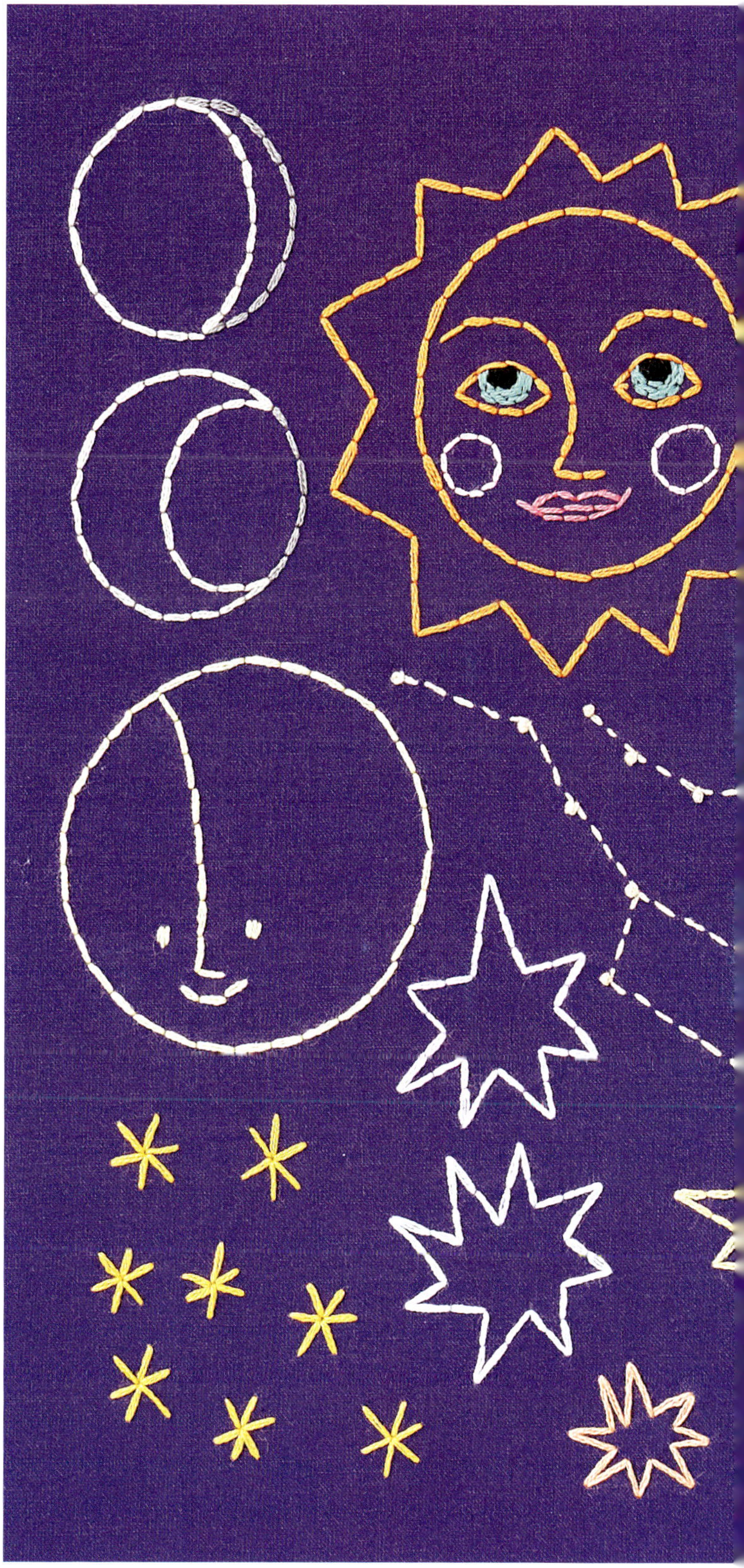

Muster mit Vorstichen und ihren Variationen

Rückstich

Der Rückstich ist mein Lieblingsstich für hübsche, saubere, gerade Linien. Sie werden ihn immer wieder verwenden!

In den Stickvorlagen werden alle langen, durchgehenden Linien mit Rückstichen gearbeitet.

SCHRITT FÜR SCHRITT STICKEN

1. Beginnen Sie mit einem einfachen Vorstich. Wie im Foto gezeigt, stechen Sie bei A aus und bei B wieder ein.
2. Fahren Sie entlang der Musterlinie fort und stechen Sie bei C wie bei einem Heftstich wieder auf die Vorderseite. Aber statt weiter vorwärts zu sticken, stechen Sie zurück in Punkt B, wo der erste Stich endet.
3. Fahren Sie fort entlang der Musterlinie, indem Sie eine Stichlänge vor C wieder ausstechen. Dann zurück bei C wieder einstechen, um die Linie zu komplettieren.

Glückwunsch! Sie haben Rückstiche gearbeitet.

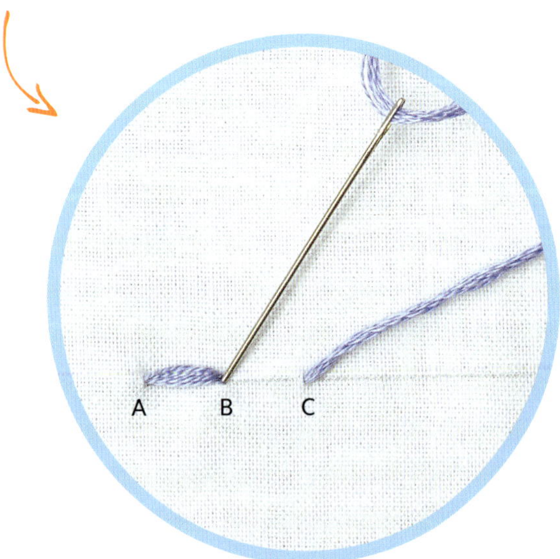

Tipp

Ihre Stiche sollten möglichst gleich lang sein. Bei engen Rundungen können Sie kleinere Stiche machen, bei leichten Kurven oder geraden Linien dürfen sie länger sein – etwa 6 mm oder auch etwas kürzer. Jedenfalls sollten Sie keinen Finger unter den Stichen durchstecken können.

RÜCKSTICH-VARIATIONEN

Meistens werden Sie mit dem Rückstich eine einfache Kontur arbeiten, manchmal aber möchte man sie auch etwas aufpeppen. Der Rückstich ermöglicht Ihnen das. Sie kombinieren Ihre Rückstiche einfach mit anderen Stichen – und der Look ändert sich.

Versuchen Sie, einen Knötchenstich (siehe Seite 22) zwischen die Rückstiche zu sticken.

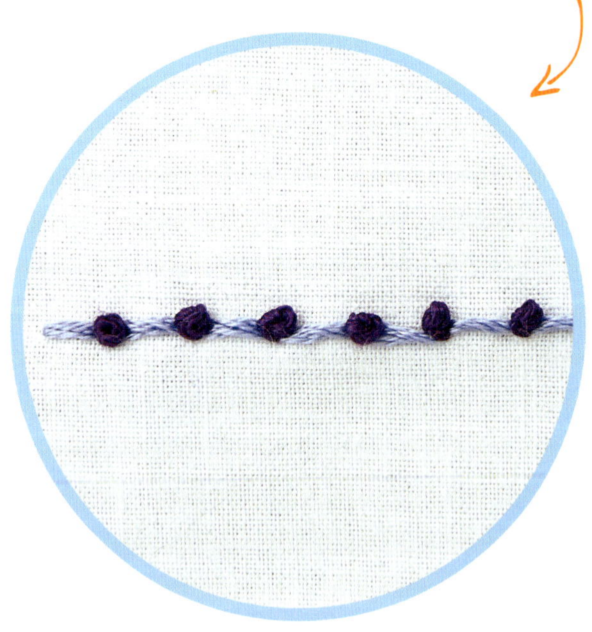

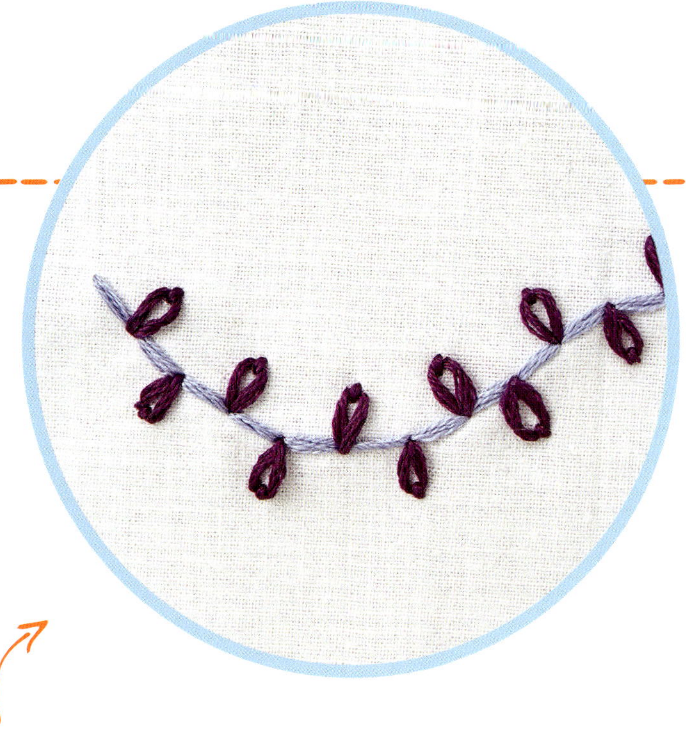

Verwandeln Sie eine gebogene Rückstichreihe in eine Ranke, indem Sie sie mit Kettenstichen verzieren (siehe Seite 20).

Sie können sogar eine originelle gestreifte Linie sticken, indem Sie ein Garn in einer anderen Farbe um die Rückstiche wickeln. Stechen Sie dort aus, wo der Streifen anfangen soll, aber statt einen weiteren Rückstich zu arbeiten, führen Sie die Nadel auf der Oberseite unter dem ersten Rückstich durch. Arbeiten Sie so weiter und wickeln Sie das Garn um jeden Rückstich, immer in der gleichen Richtung. Am Ende der Reihe stechen Sie das Garn auf die Rückseite durch und sichern es. Schick!

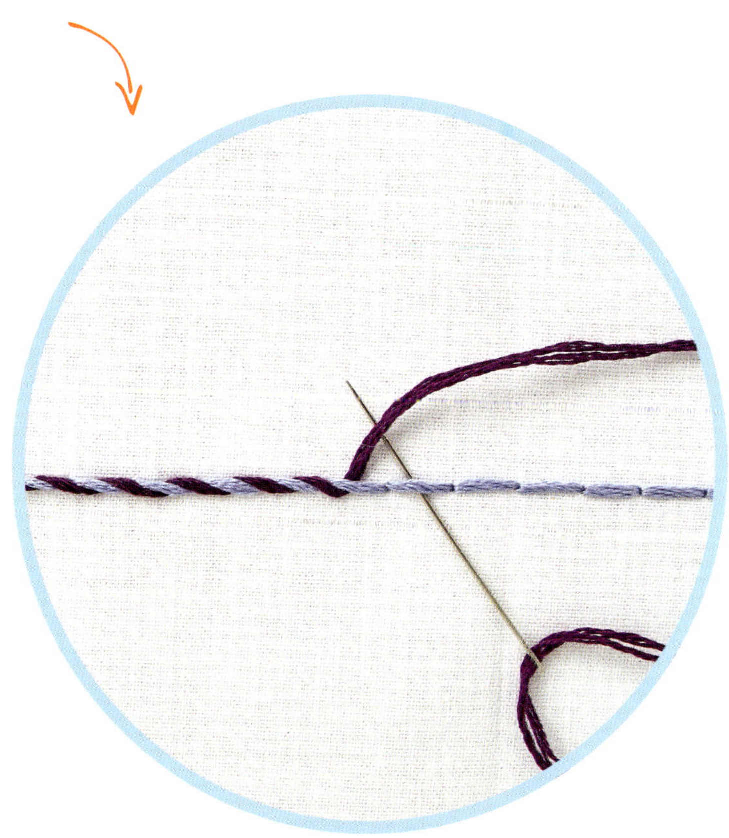

Kettenstich

Der Kettenstich ist der perfekte Stich für Tropfen- oder Bogenformen. Er ist etwas kniffliger, weil man ihn in zwei Schritten arbeitet.

In den Stickvorlagen erscheinen Kettenstiche als **Tropfen oder Bögen**.

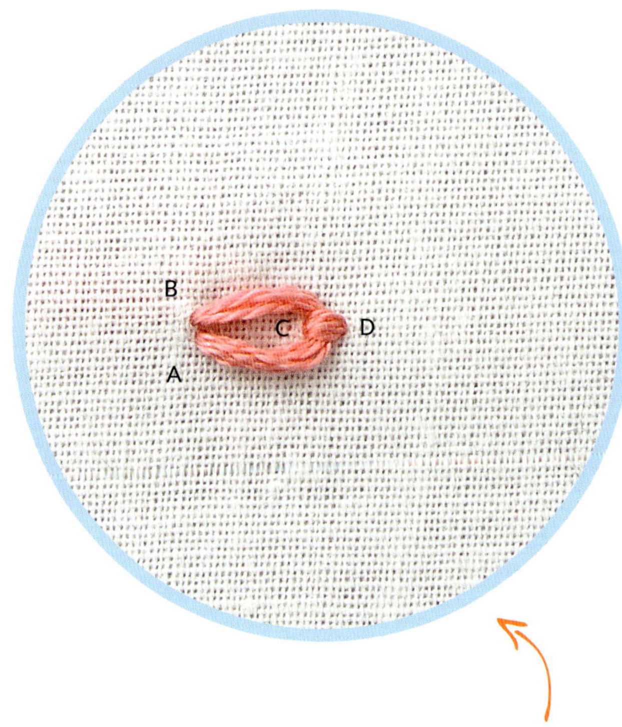

SCHRITT FÜR SCHRITT STICKEN

1. Stechen Sie bei A ein und bei B, dicht daneben, wieder aus. Ziehen Sie den Faden so weit durch, dass auf der Vorderseite eine kleine Schlinge stehen bleibt. A und B bilden das spitze Ende der Tropfenform.

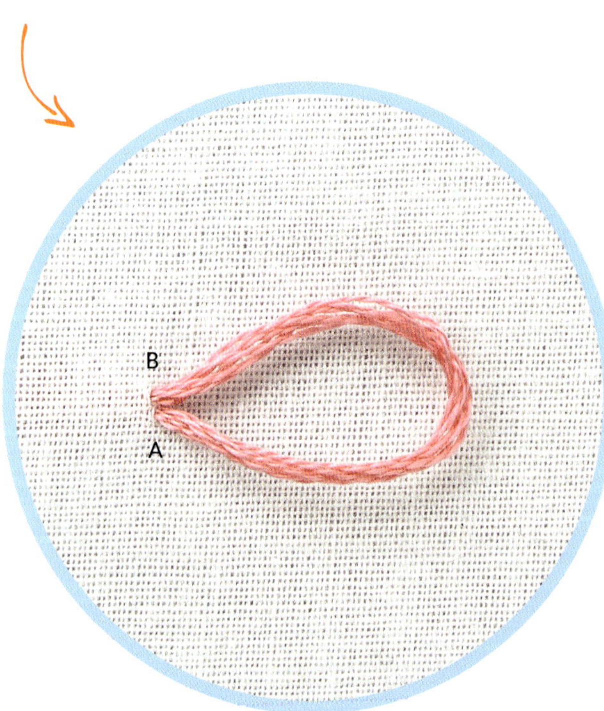

2. Stechen Sie die Nadel von der Rückseite her durch C (am runden Ende der Tropfenform). Achten Sie darauf, dass die Nadel an der Innenseite der Schlinge erscheint und ziehen Sie das Garn so weit durch, bis die Schlinge flach anliegt. Aber nicht zu stark ziehen – Sie möchten ja, dass die Form erhalten bleibt und keine doppelte Linie daraus wird. Stechen Sie bei D wieder ein, um so einen winzigen Stich zu machen, der die Schlinge verankert.
3. Ich gratuliere! Sie haben einen einzelnen Kettenstich gearbeitet. Er eignet sich gut für Laub- und Blütenblätter.

KETTENSTICH-VARIATIONEN

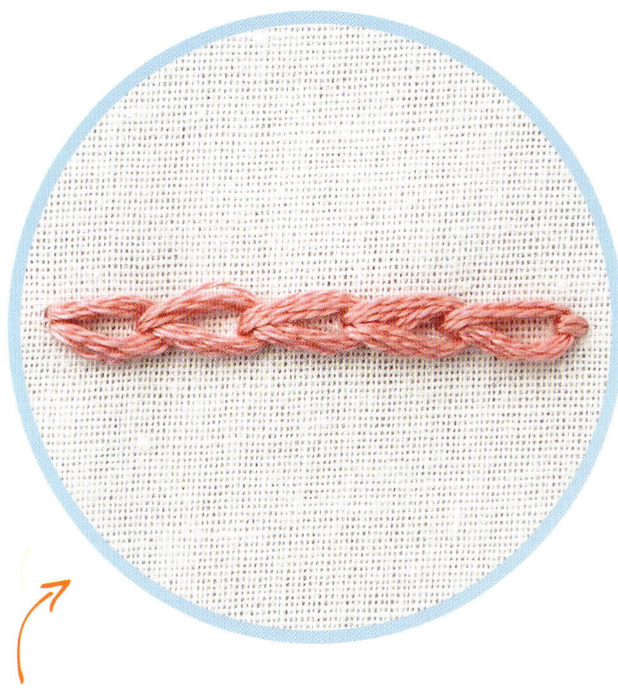

Sie können die einzelnen Stiche zu einer Kette verbinden. Statt die Schlinge mit einem winzigen Stich zu verankern, (wie für den einzelnen Kettenstich), fangen Sie bei C mit einer neuen Schlinge an. Lange Ketten wie diese eignen sich wunderbar, um Haare darzustellen, dickere Umrandungen, Tintenfisch-Tentakel und mehr.

Wenn Sie mehrere einzelne Kettenstiche von einem Punkt aus arbeiten, entsteht eine kleine Blüte.

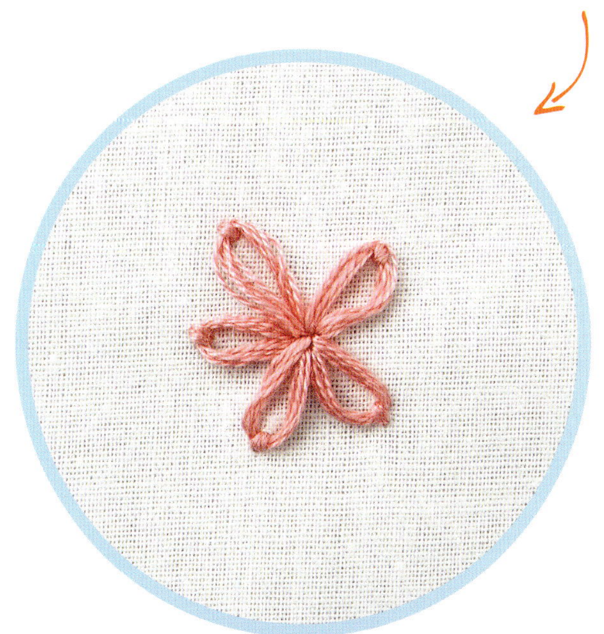

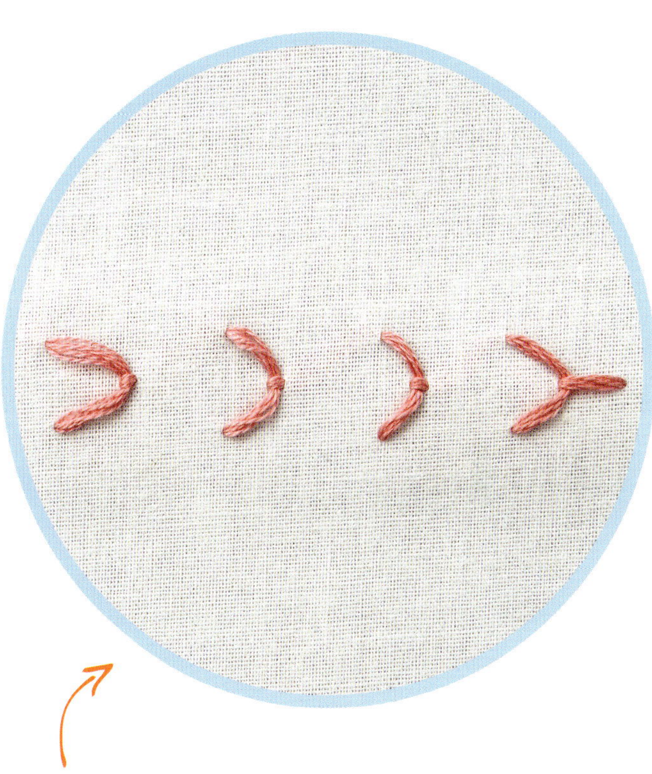

Sie können den Kettenstich verändern, indem Sie den Abstand zwischen A und B und die Stichlänge zwischen C und D variieren. Zum Beispiel:

- Wenn Sie den Abstand zwischen A und B vergrößern, entsteht eine Bogenform statt eines Tropfens.
- Vergrößern oder verkleinern Sie den Bogen, indem Sie C näher an A und B setzen oder weiter weg.
- Verankern Sie die Schlinge mit einem längeren Stich statt mit dem winzigen bzw. wählen Sie zwischen C und D einen größeren Abstand. Diese Variante nennt man auch Zweigstich. Experimentieren Sie mit verschiedenen Stichlängen und Abständen!

Knötchenstich

Ich liebe den Knötchenstich! Es gibt keinen besseren für Tupfen und Punkte. Er hat den Ruf, schwierig zu sein, daher erkläre ich ihn Schritt für Schritt. Sie können das!

In den Stickvorlagen erscheinen **Knötchenstiche als Punkte**.

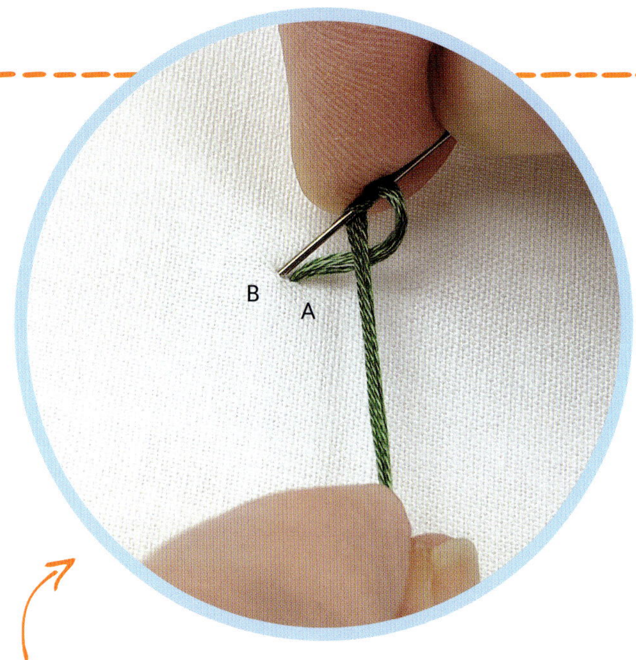

SCHRITT FÜR SCHRITT STICKEN

1. Für diesen Stich braucht man beide Hände. Sitzen Sie bequem und nehmen Sie den Stickrahmen auf den Schoß oder legen ihn auf den Tisch.
2. Stechen Sie von der Rückseite aus bei A ein und ziehen Sie das Garn vollständig durch, bis es auf der Rückseite nicht mehr durchhängt. Halten Sie den Arbeitsfaden mit der einen und die Nadel mit der anderen Hand. Halten Sie die Nadelspitze nach oben und wickeln Sie den Arbeitsfaden ein- oder zweimal um die Nadel. (Ich wickle meistens zweimal, aber für winzige Knötchen nur einmal.)

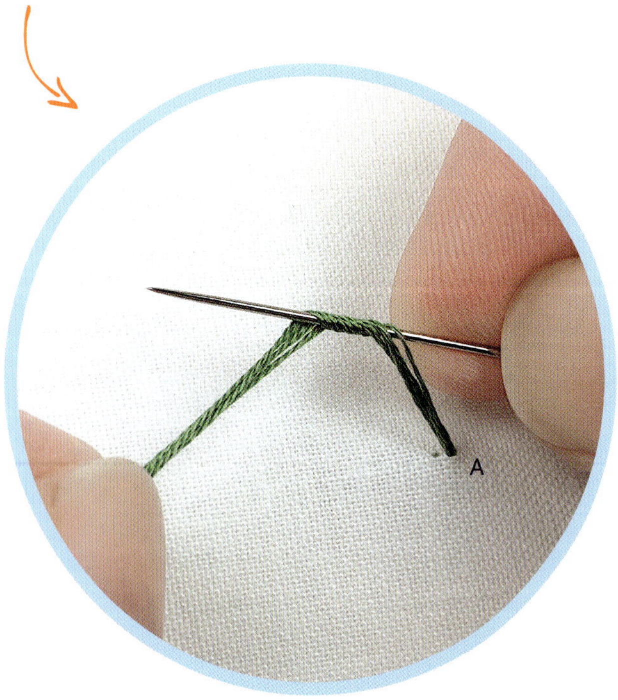

3. Halten Sie den Arbeitsfaden nicht zu fest, aber auch nicht zu locker, so dass die Wicklungen an der Nadel anliegen. Neigen Sie die Nadel wieder dem Stoff zu und stechen Sie bei B, nahe an A, wieder ein.
4. Ziehen Sie die Nadel nicht ganz durch, sondern halten Sie sie etwas schräg von der garnführenden Hand weg. Wenn Sie jetzt vorsichtig am Arbeitsfaden ziehen, gleiten die Wicklungen an der Nadel nach unten, bis sie auf der Stoffoberfläche aufliegen.

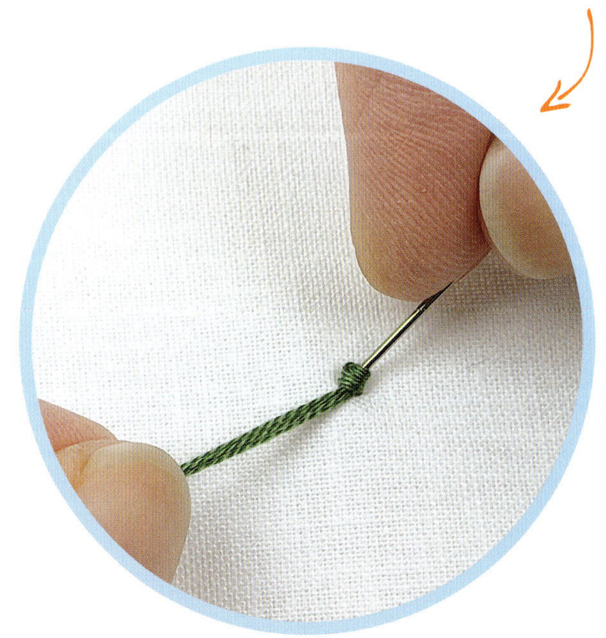

5. Wenn die Schlingen den Stoff berühren, können Sie die Nadel durchziehen. Halten Sie den Arbeitsfaden unter Spannung, bis nur noch eine kleine Schlinge auf der Stoffoberfläche bleibt.

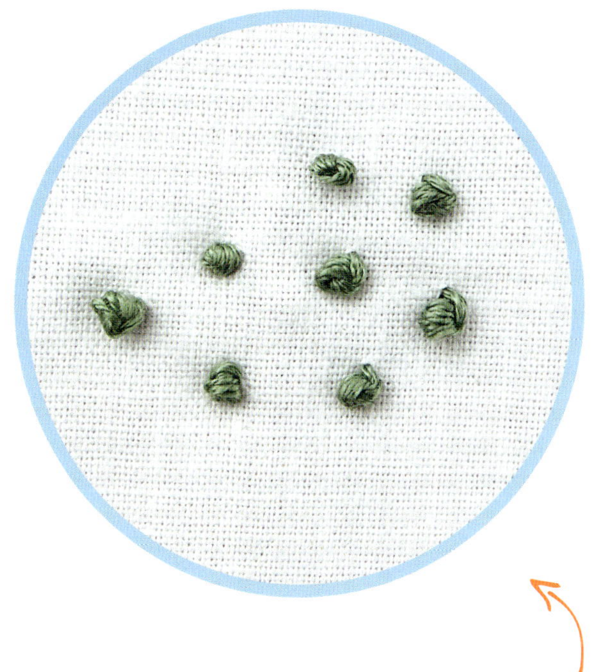

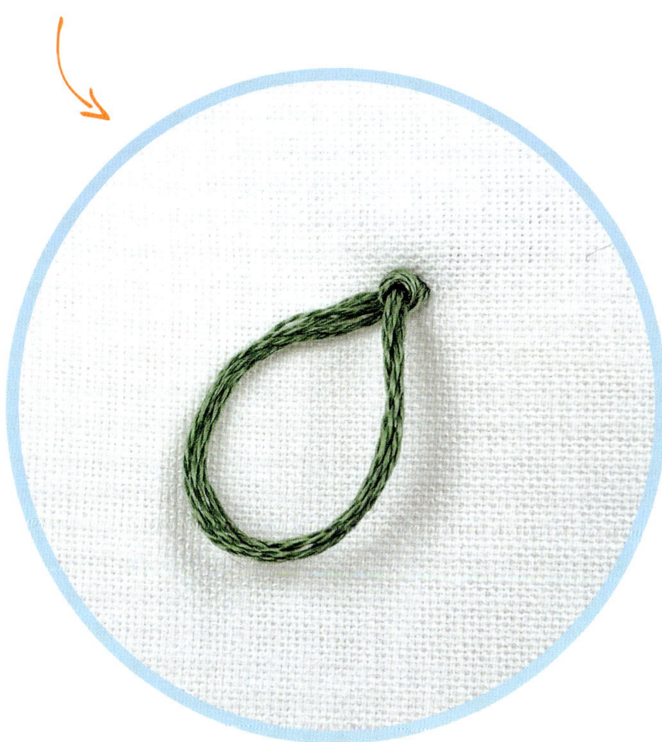

6. Lassen Sie den Arbeitsfaden los und ziehen Sie auch noch den Rest durch. Wow! Sie haben es geschafft! Ein fertiger Knötchenstich! Ich wette, Sie können nicht nur einen machen :-). Ich weiß, dass das nach vielen Schritten aussieht, aber mit etwas Übung werden Sie den Knötchenstich bald ohne nachzudenken sticken.

FEHLER BEHEBEN

- Wenn Ihr Knoten auf der Rückseite verschwindet, prüfen Sie, ob Sie nicht wieder in A eingestochen haben. Sie brauchen eine kleine Stoffbrücke, um den Knoten sicher zu verankern, daher muss der Einstichpunkt B etwas neben A liegen.
- Für einen größeren Knoten nehmen Sie dickeres Garn. Mehr als zwei Wicklungen sind ungeeignet – entweder der Knoten wird schief oder ein verworrenes Durcheinander entsteht.
- Bei diesem Stich wird viel gewickelt und gedreht, dabei kann sich das Garn zusammenzwirbeln. Wenn das passiert, halten Sie die Arbeit hoch und lassen Sie den Arbeitsfaden lose herabhängen. Das Garn dreht sich von selber wieder auf und Sie können weitersticken.

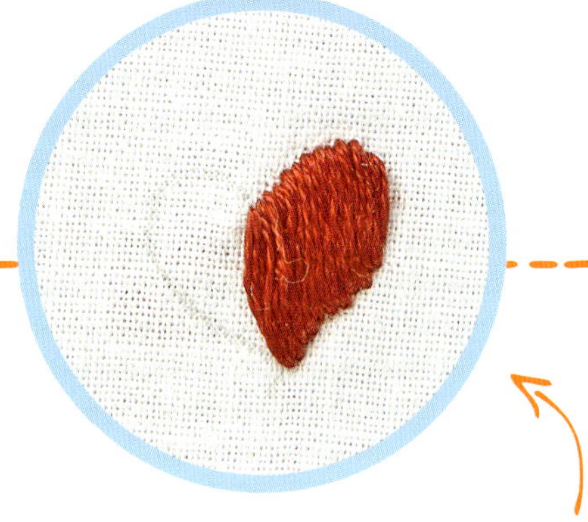

Platt- oder Flachstich

Plattstiche sind sehr gut geeignet, um Flächen kompakt und glatt mit Farben zu füllen. Grundsätzlich handelt es sich beim Plattstich um eine Gruppe so eng nebeneinander platzierter Vorstiche, dass man den Stoff darunter nicht mehr sehen kann.

In den Stickvorlagen sind Plattstichflächen **komplett schwarz** ausgefüllt.

SCHRITT FÜR SCHRITT STICKEN

1. Ich fange am liebsten in der Mitte des Motivs an, das ich aussticken möchte. Die Ecken müssen oft mit winzigen Stichen ausgefüllt werden und ich finde es schwierig, damit zu beginnen.
2. Stechen Sie von der Rückseite her bei A aus und sticken Sie einen Vorstich, wobei Sie bei B wieder einstechen. Nun stechen Sie bei C aus, bei D wieder ein und so weiter, bis Sie, von der Mittellinie ausgehend, die gesamte Fläche ausgefüllt haben.

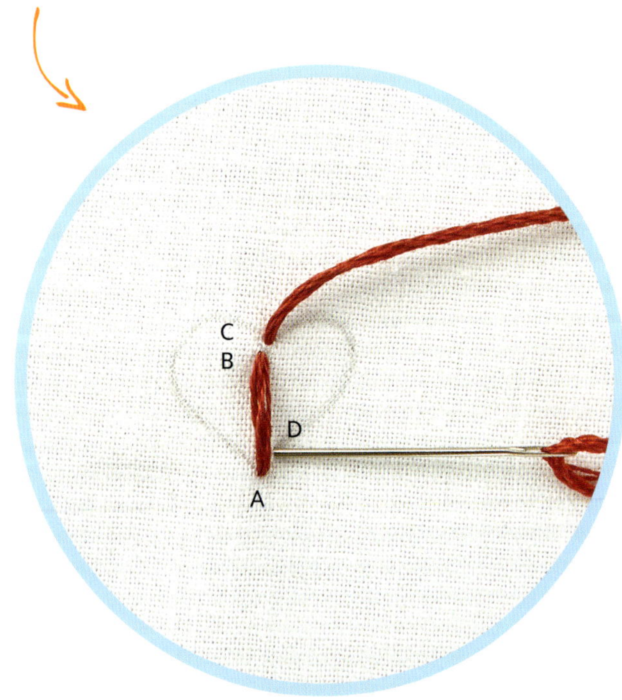

3. Sie meinen vielleicht, das sei Garnverschwendung. Aber glauben Sie mir: wenn Sie versuchen, bei D aus- und bei C wieder einzustechen, wird Ihre Arbeit schlampig aussehen und Sie werden den Stoff nicht perfekt abdecken können. Arbeiten Sie von der Mittellinie bis zum Ende des Motivs und machen Sie dabei immer kleinere Stiche.
4. Nun gehen Sie zurück zur Mitte, wo Sie angefangen haben, und besticken die andere Hälfte ebenso. Fertig!

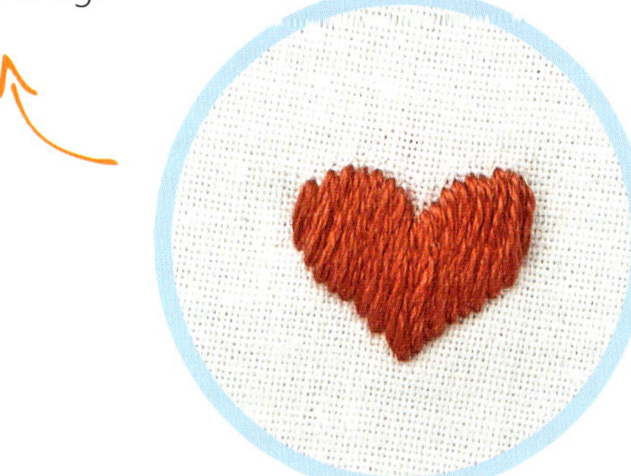

FEHLER BEHEBEN

- Versuchen Sie nicht, große Flächen mit Plattstichen zu füllen. Das Ergebnis wird nicht so glatt sein, wie Sie möchten, und es besteht die Gefahr, an den langen Fäden hängen zu bleiben. Ich arbeite keine Stiche, die länger als etwa 2 cm sind.
- Wenn der Umriss Ihres Motivs etwas ausgefranst wirkt, können Sie ihn mit einem Rand aus einfachen Rückstichen versäubern, so dass Anfang und Ende Ihrer Plattstiche nicht mehr zu sehen sind. Um es besonders hübsch zu gestalten, können Sie dafür eine andere Garnfarbe wählen.

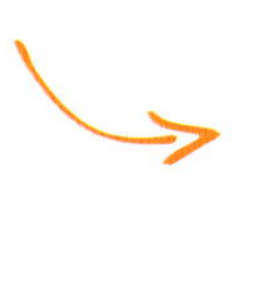

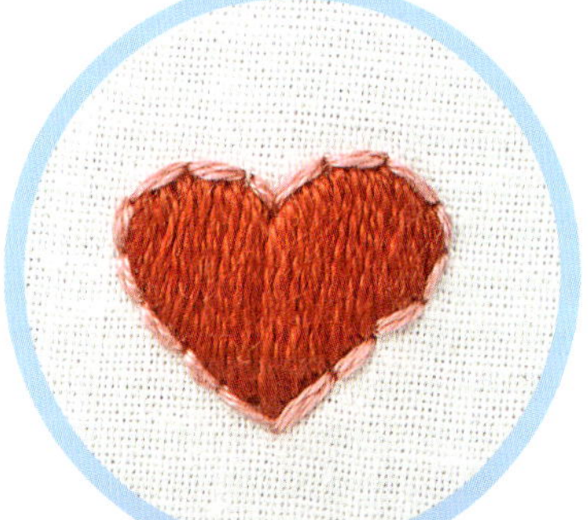

So lesen Sie die Vorlagen

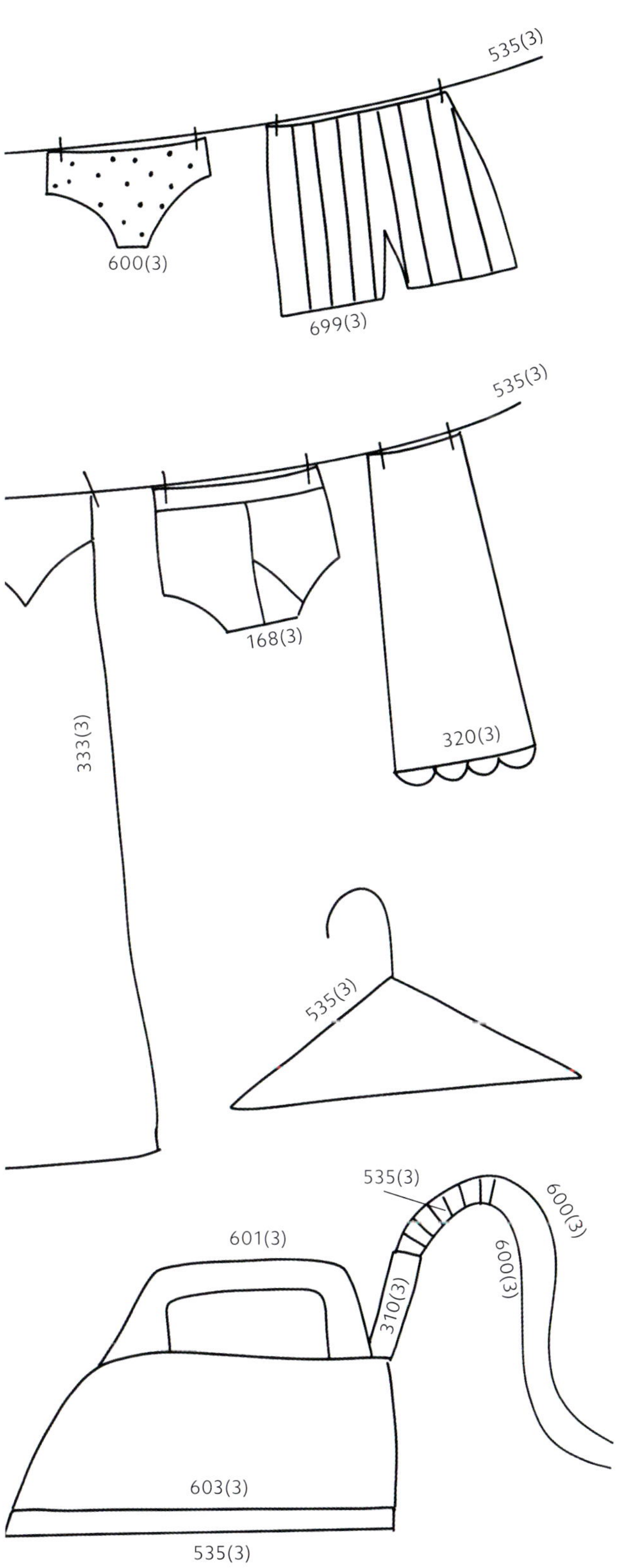

Die folgenden Seiten sind voller Inspirationen mit mehr als 500 Motiven zum Nachsticken. Auf den linken Seiten finden Sie die farbenfrohen fertigen Stickmotive und auf den rechten Seiten die Mustervorlagen, die Sie übertragen oder ausdrucken können. Die Nummern der verwendeten Garnfarben sind vermerkt.

Die »Waschtag«-Motive sind ein gutes Beispiel dafür, wie die Vorlagen zu lesen sind. Sie erfahren, mit welchem Stich Sie arbeiten müssen (siehe die Aufstellung unten). Die drei- oder vierstelligen Zahlen bezeichnen die Farbnummer des Garns und die Zahlen in Klammern, mit wie vielen Fäden gestickt wird. Zum Beispiel bedeutet 535(3), dass ich das Motiv auf der linken Seite mit 3 Fäden des DMC-Garns Nummer 535 gestickt habe. Alle Motive in diesem Buch wurden mit dem sechsfädigen DMC-Garn gestickt.

- Vorstiche erscheinen in den Vorlagen immer als kurze, gerade Linien.
- Alle langen, geraden Linien in den Vorlagen sind mit Rückstichen gearbeitet.
- Kettenstiche sind als Tropfen oder Bögen dargestellt.
- Knötchenstiche erscheinen als Punkte in den Vorlagen.
- Plattstichflächen (einschließlich der meisten Augen) bezeichnen die schwarz ausgefüllten Bereiche.

Achtung, fertig los … Stickmustervorlagen für fast alles!

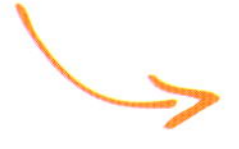

Prächtige Bäume

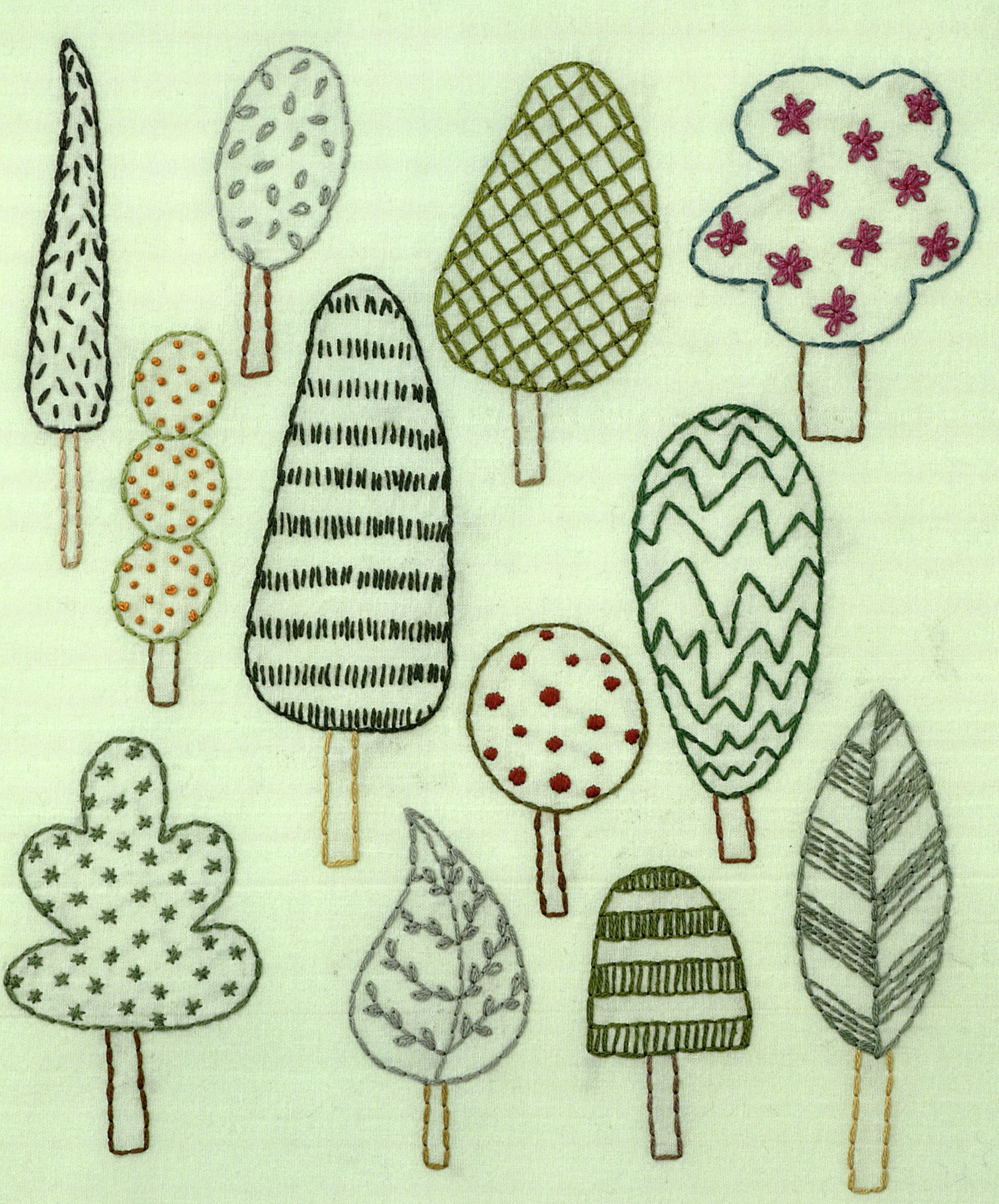

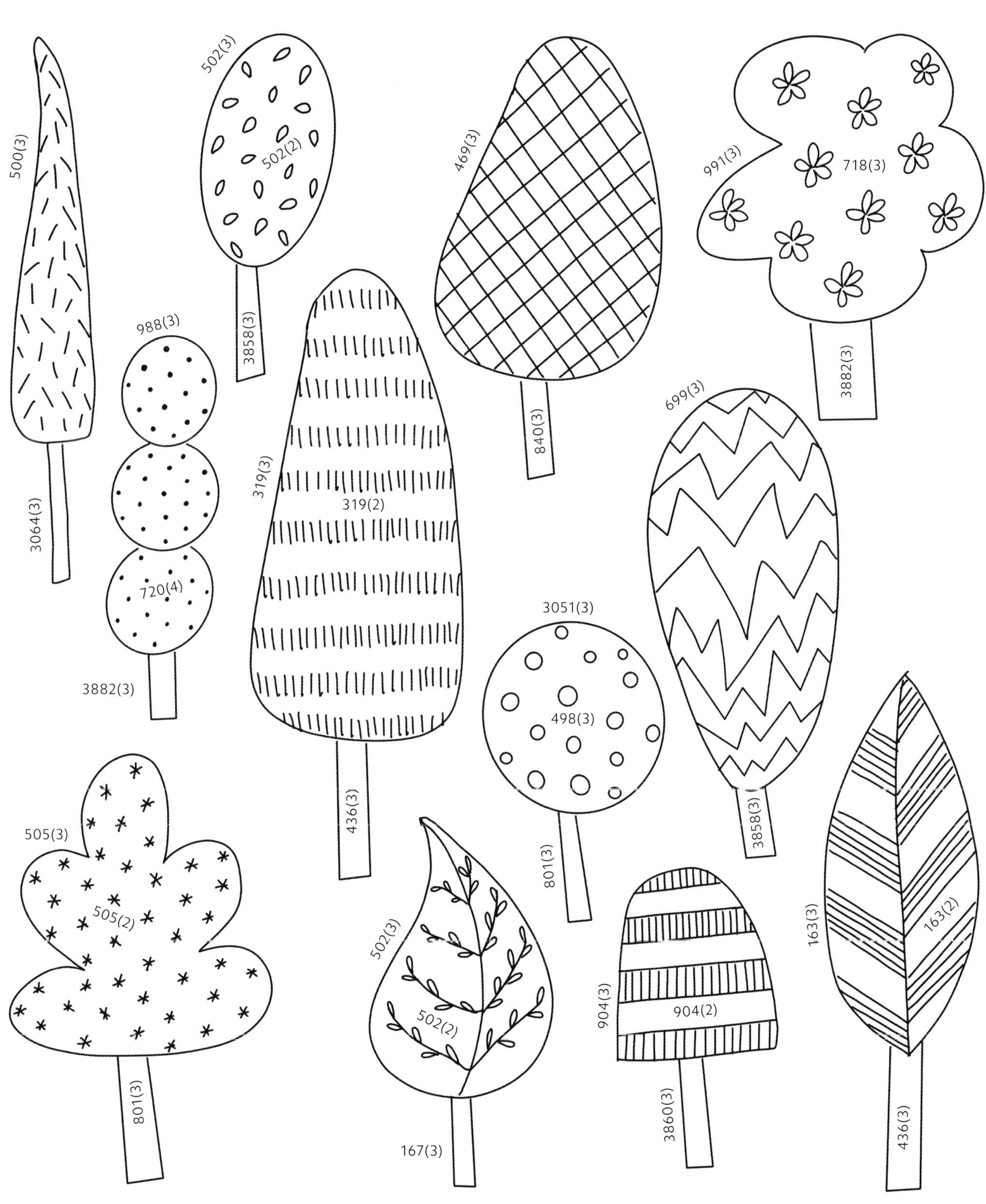
500(3)
3064(3)
502(3)
502(2)
3858(3)
988(3)
720(4)
3882(3)
319(3)
319(2)
436(3)
469(3)
840(3)
991(3)
718(3)
3882(3)
699(3)
3051(3)
498(3)
801(3)
3858(3)
505(3)
505(2)
801(3)
502(3)
502(2)
167(3)
904(3)
904(2)
3860(3)
163(3)
163(2)
436(3)

Bezaubernde Blätter

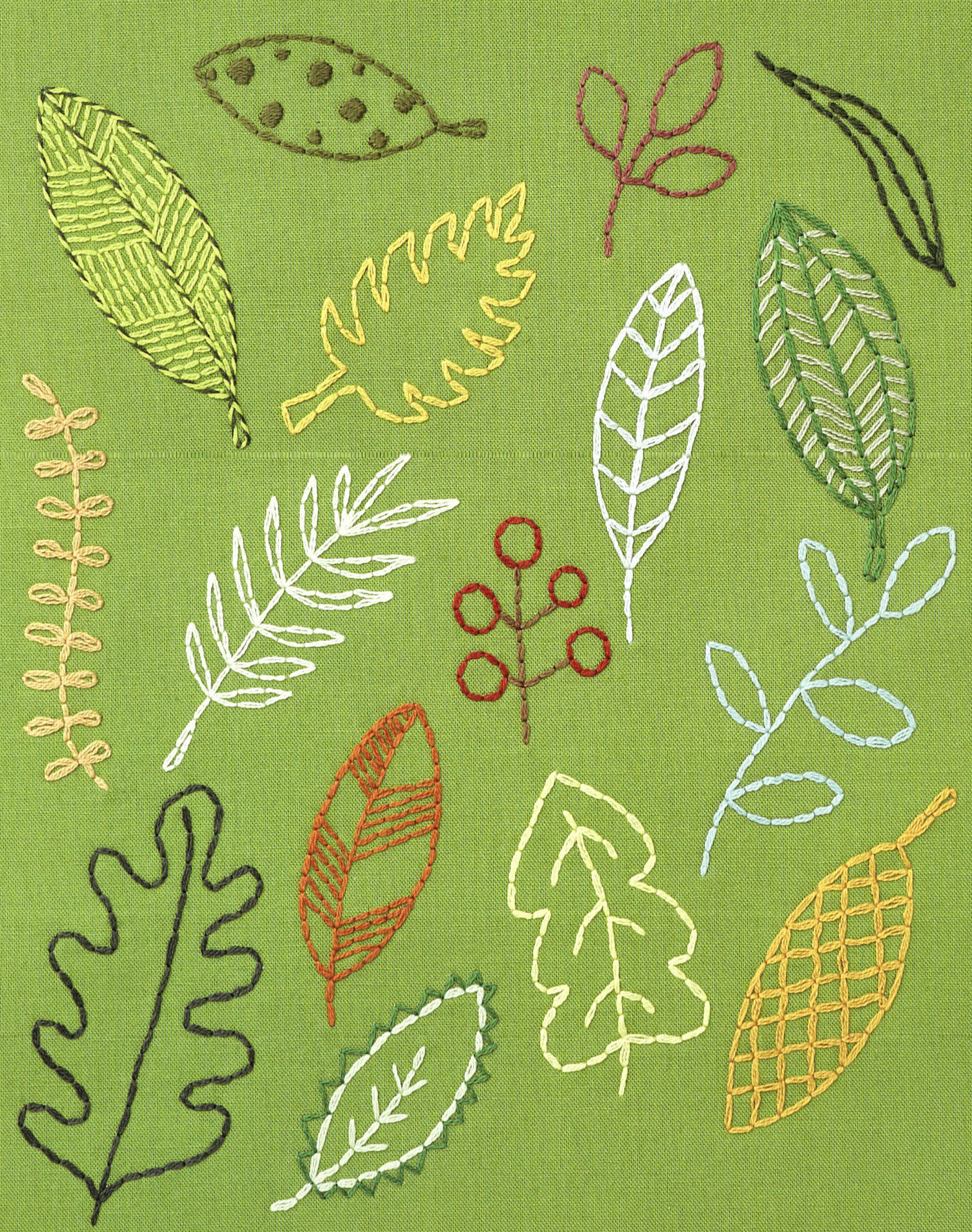

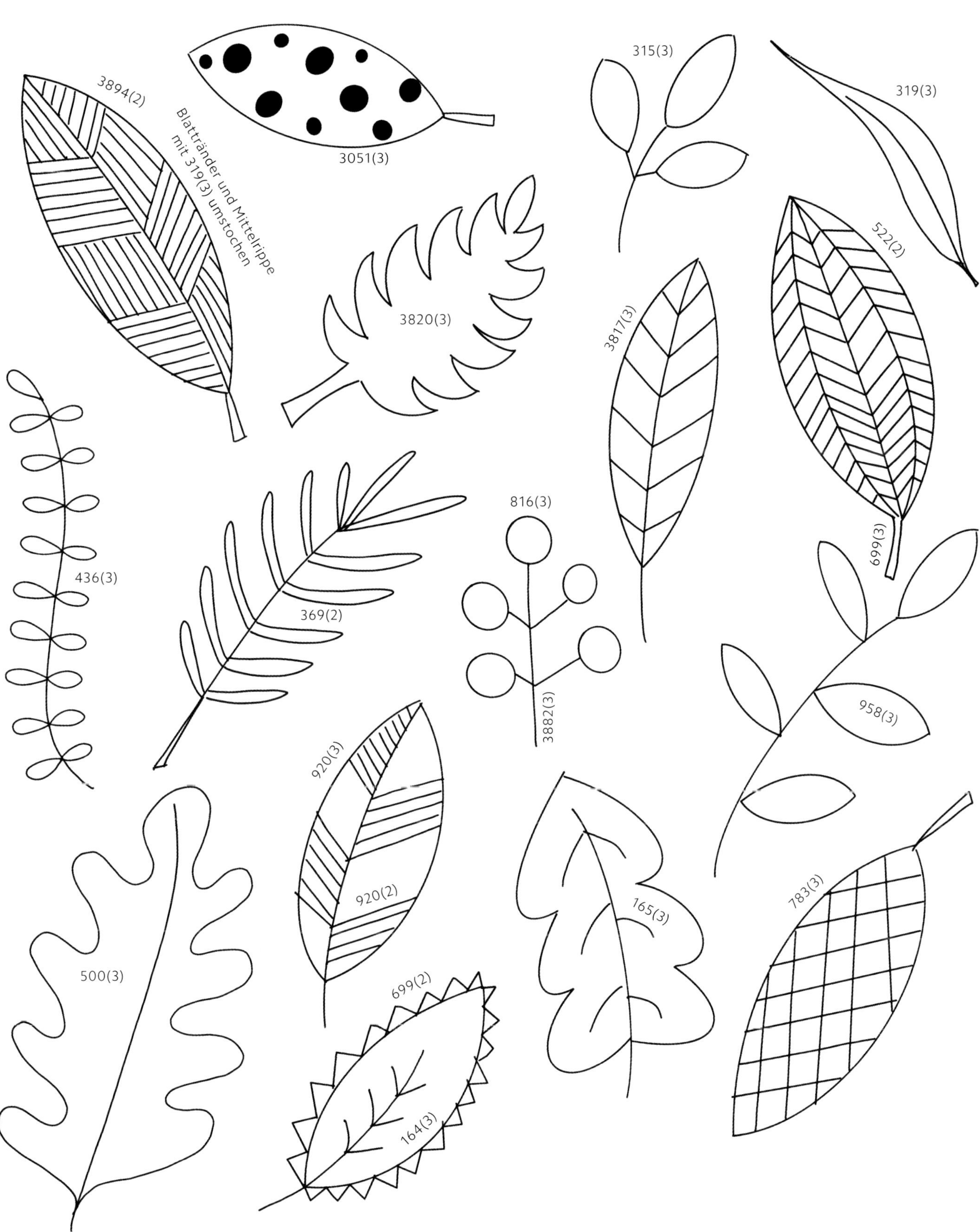
3894(2)
Blatträndеr und Mittelrippe mit 319(3) umstochen
3051(3)
315(3)
319(3)
3820(3)
522(2)
3817(3)
436(3)
369(2)
816(3)
699(3)
3882(3)
958(3)
920(3)
920(2)
500(3)
165(3)
783(3)
699(2)
164(3)

Flower Power

3820(3)
3746(3)
352(3)
352(2)
718(2)
603(2)
3820
(2)
603(2)
3746(3)
3846(3)
334(3)
352(3)
334(3)
3820(3)
900(2)
900(3)
333(3)
156(3)
156(3)
333(2)
603(3)
3846(3)
718(3)
3820(3)
3820(2)
603(3)
352(3)
603(3)
3846(2)
718(3)
3820(3)
3846(3)
3746(2)
603(2)
334(3)
333(3)
3820(3)
156(3)

Beliebte Zimmerpflanzen

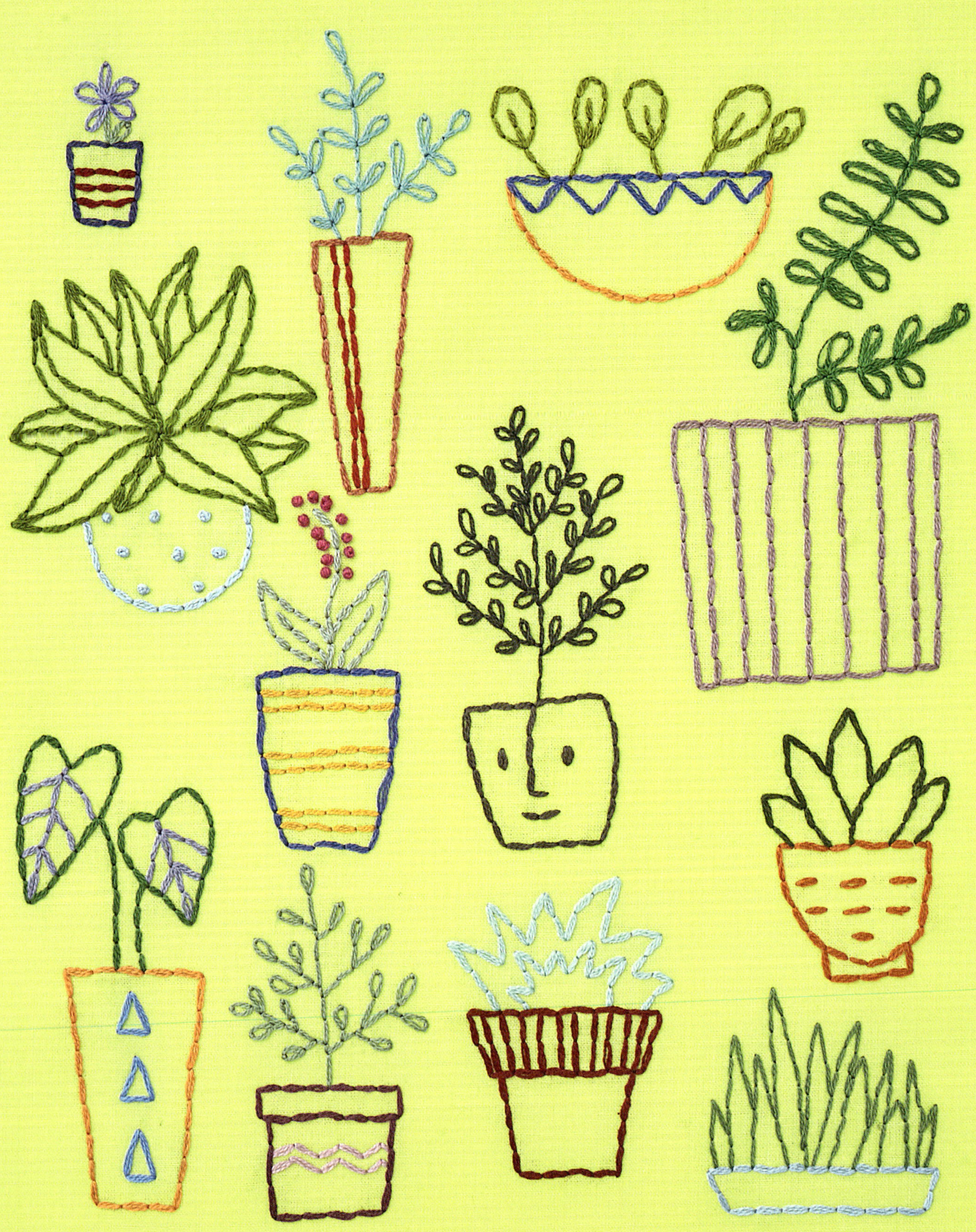

3807(2)
163(2)
814(3)
336(3)
3812(2)
498(3)
3880(3)
469(3)
824(3)
922(3)
699(3)
904(3)
807(3)
718(3)
502(3)
3041(3)
500(2)
824(3)
783(3)
3799(3)
895(3)
161(3)
920(3)
699(3)
163(2)
958(3)
922(3)
3891(3)
3834(3)
814(3)
505(2)
3836(3)
807(3)

Prächtige Kakteen

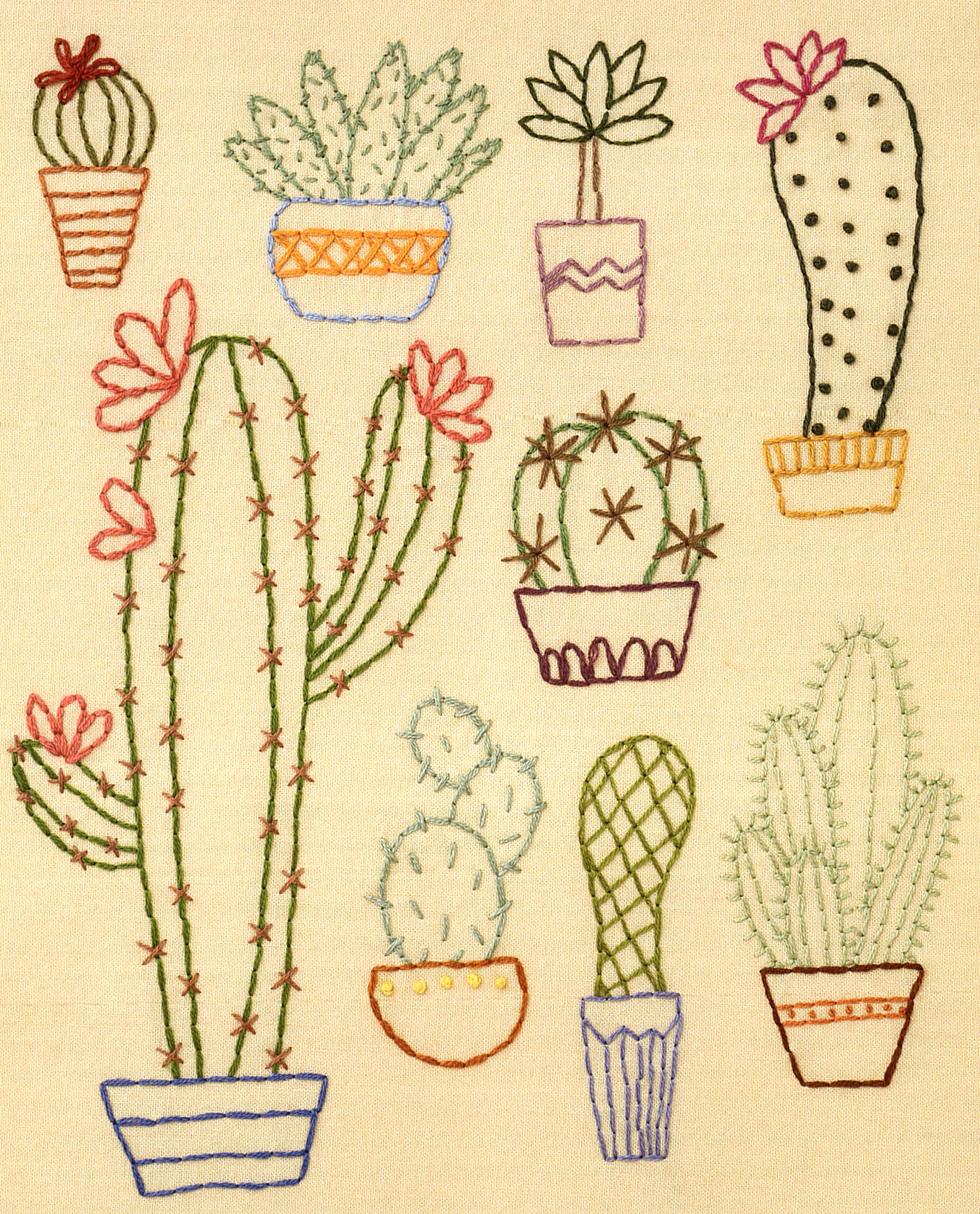

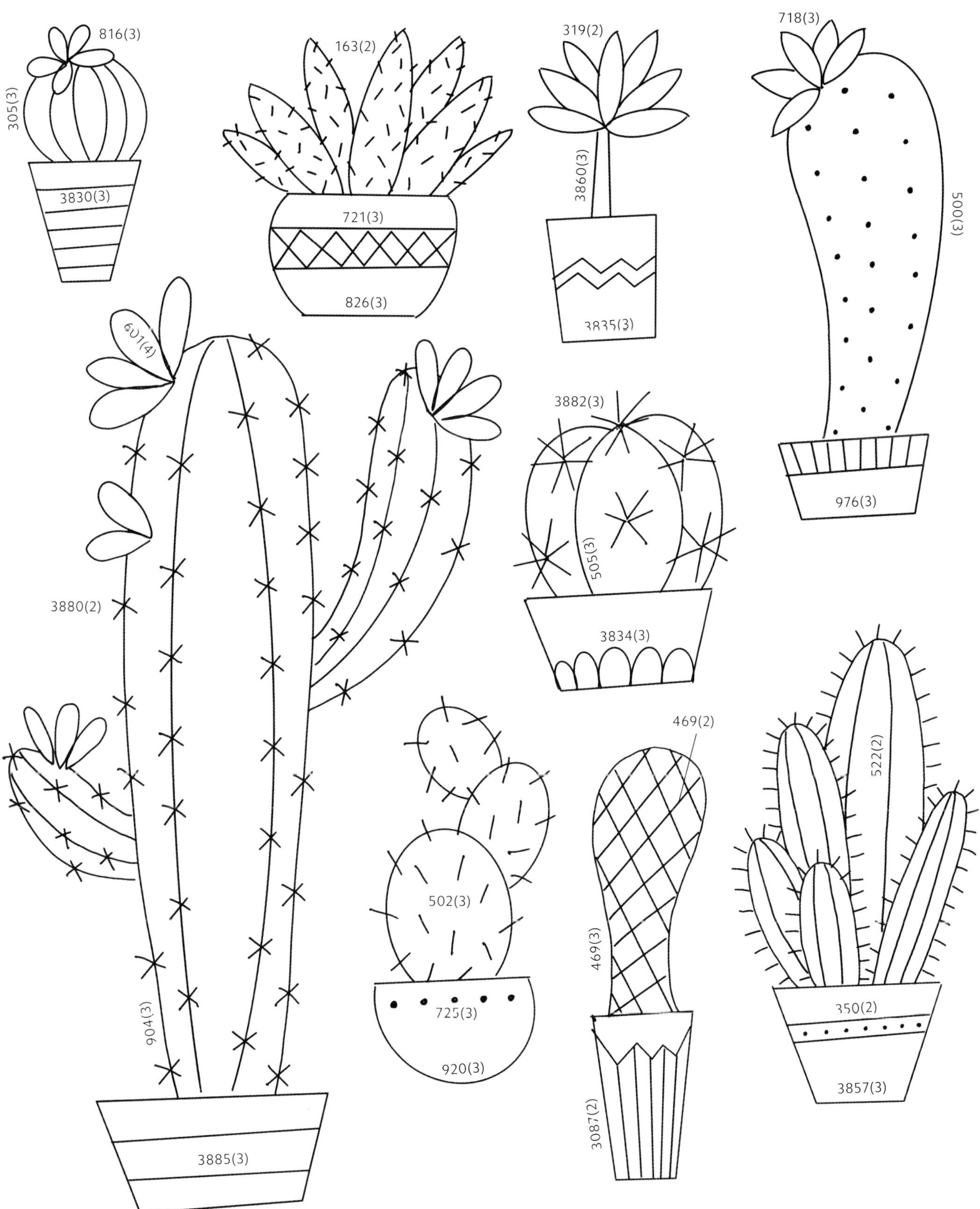
816(3)
305(3)
3830(3)
163(2)
721(3)
826(3)
319(2)
3860(3)
3835(3)
718(3)
500(3)
976(3)
601(4)
3880(2)
904(3)
3885(3)
3882(3)
505(3)
3834(3)
502(3)
725(3)
920(3)
469(2)
469(3)
3087(2)
522(2)
350(2)
3857(3)

Süße Kätzchen

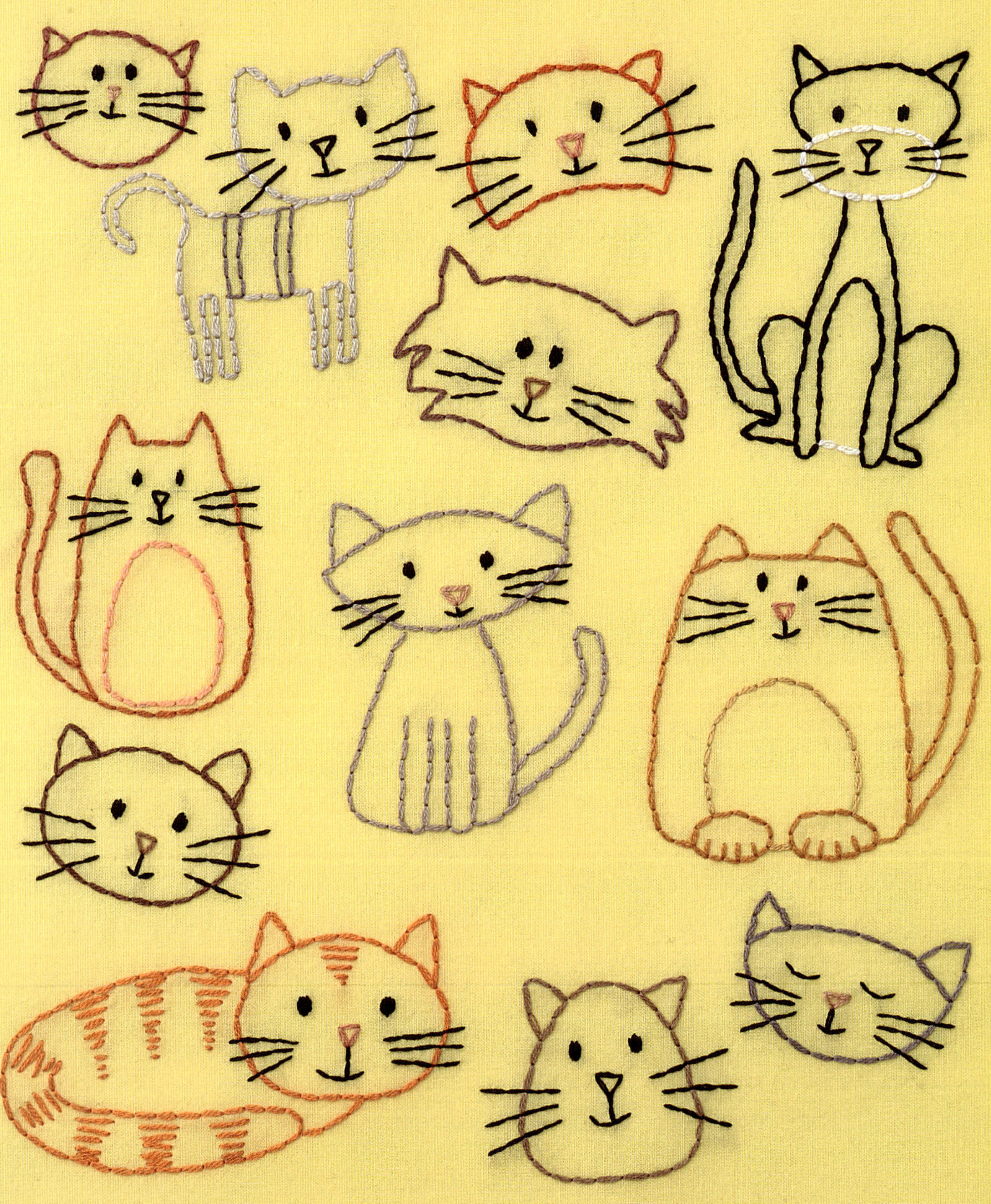

Alle Augen und Schnurrhaare 310(2)

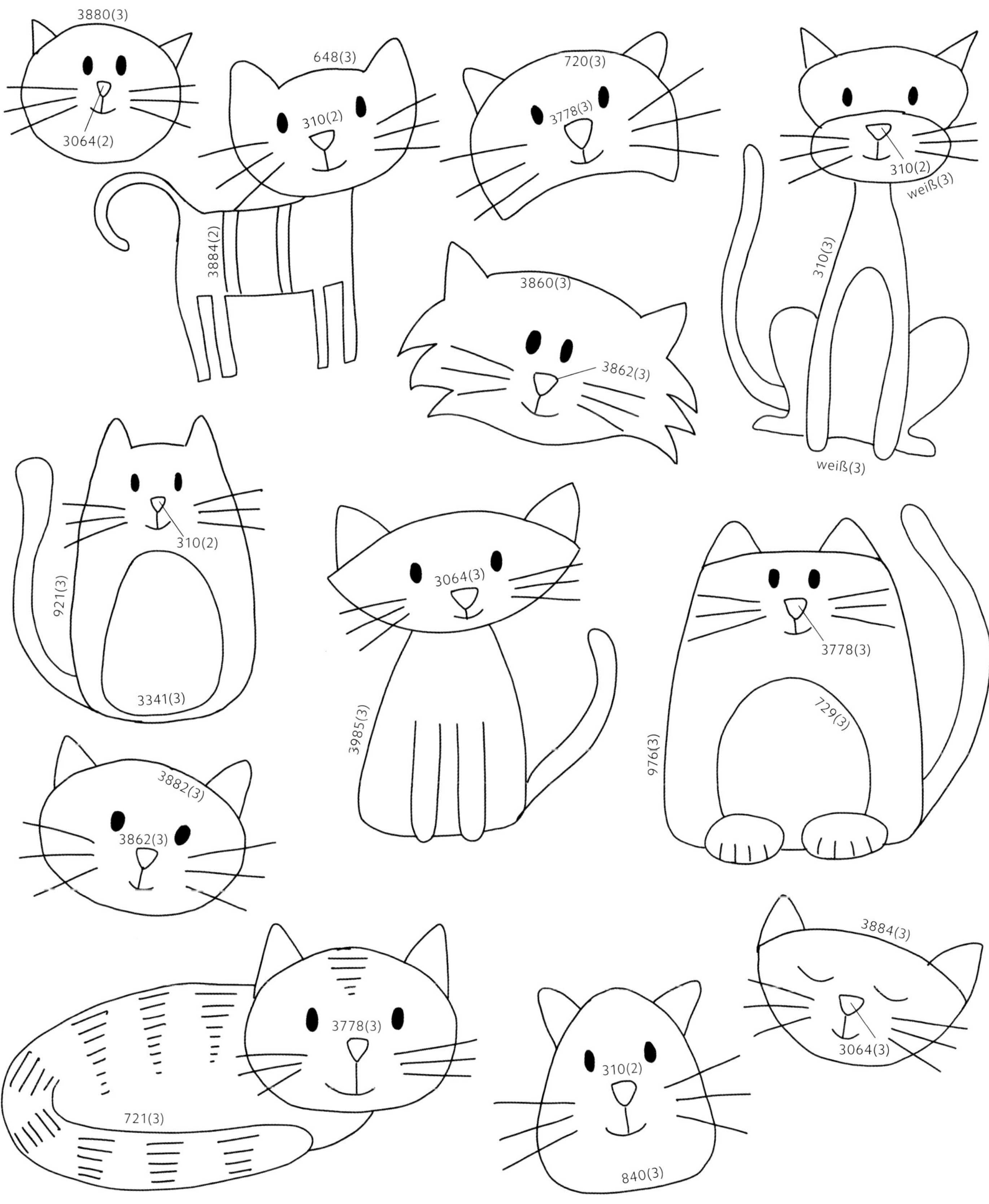

Brave Hunde

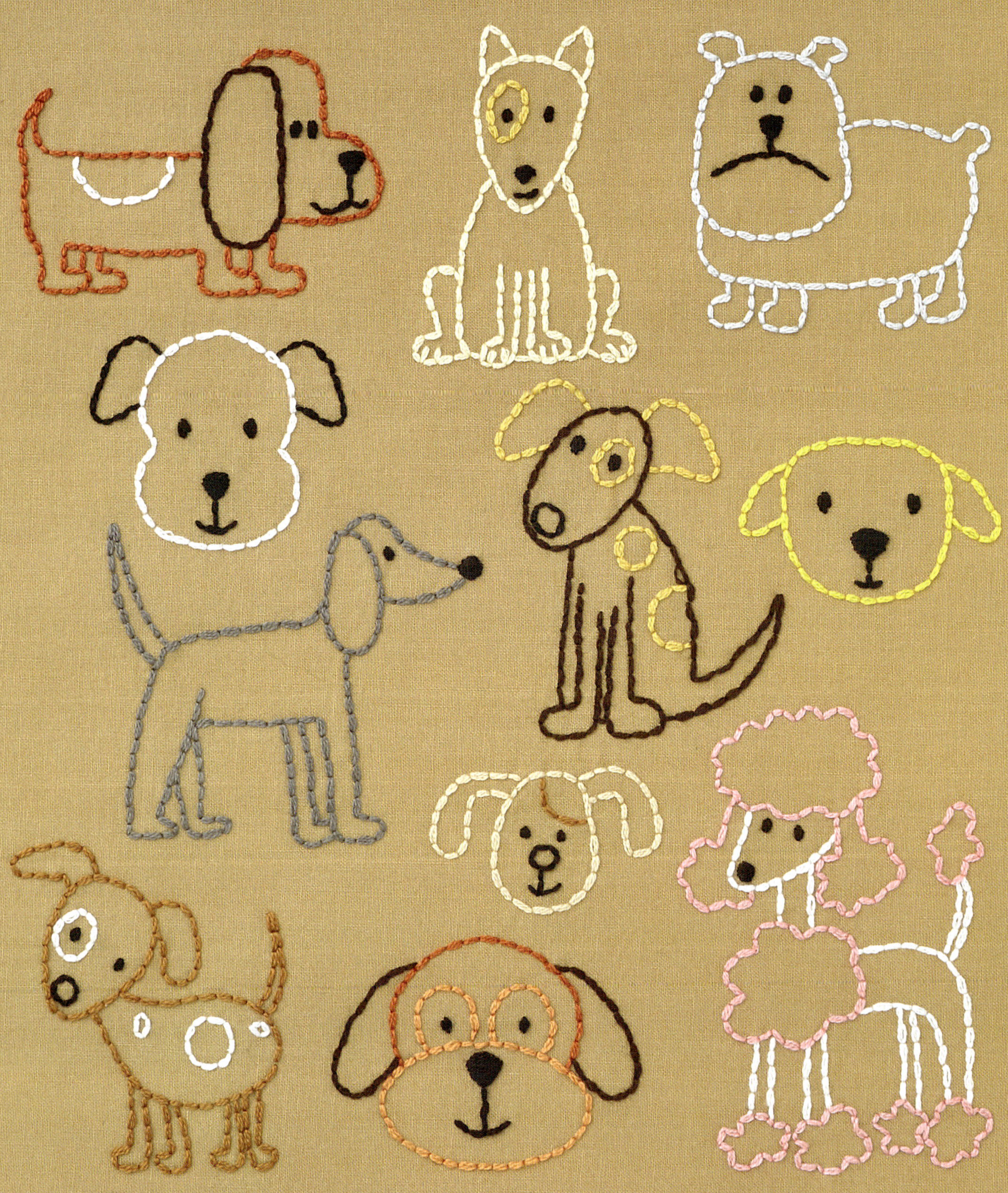

Alle Augen, Nasen und Münder 310(3)

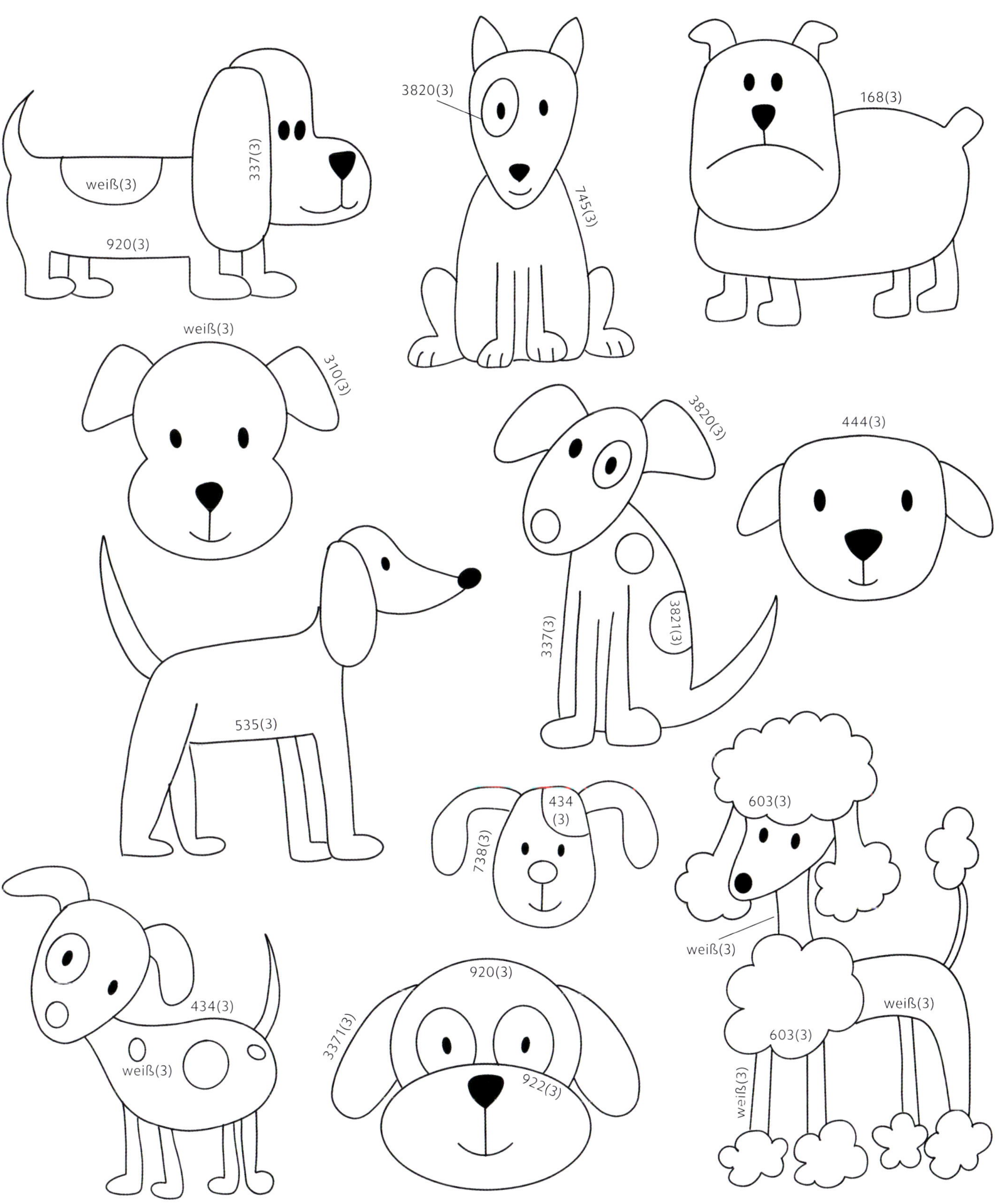

Tolle Tiere

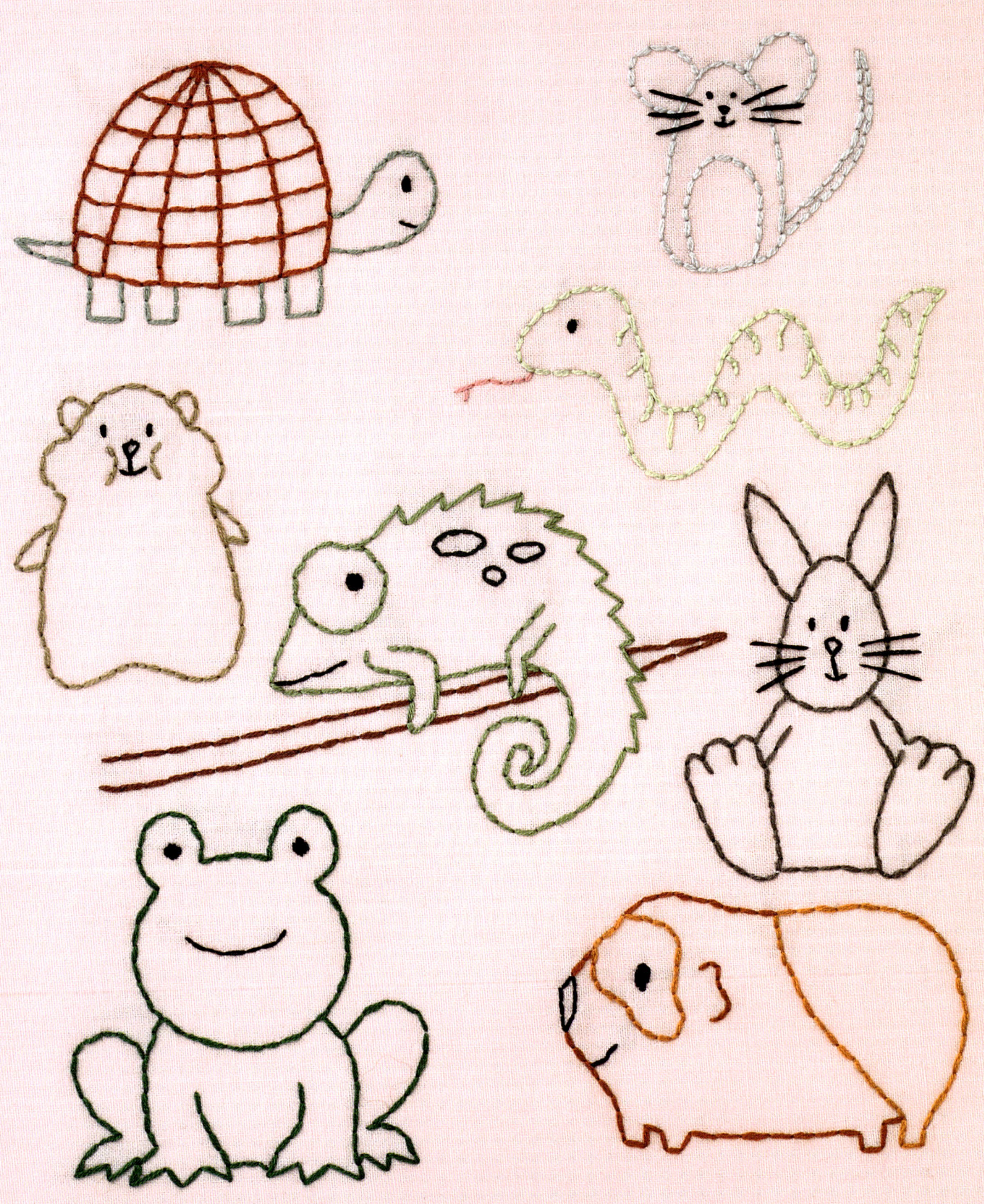

Alle Augen, Münder, Nasen und Schnurrhaare 310(2)

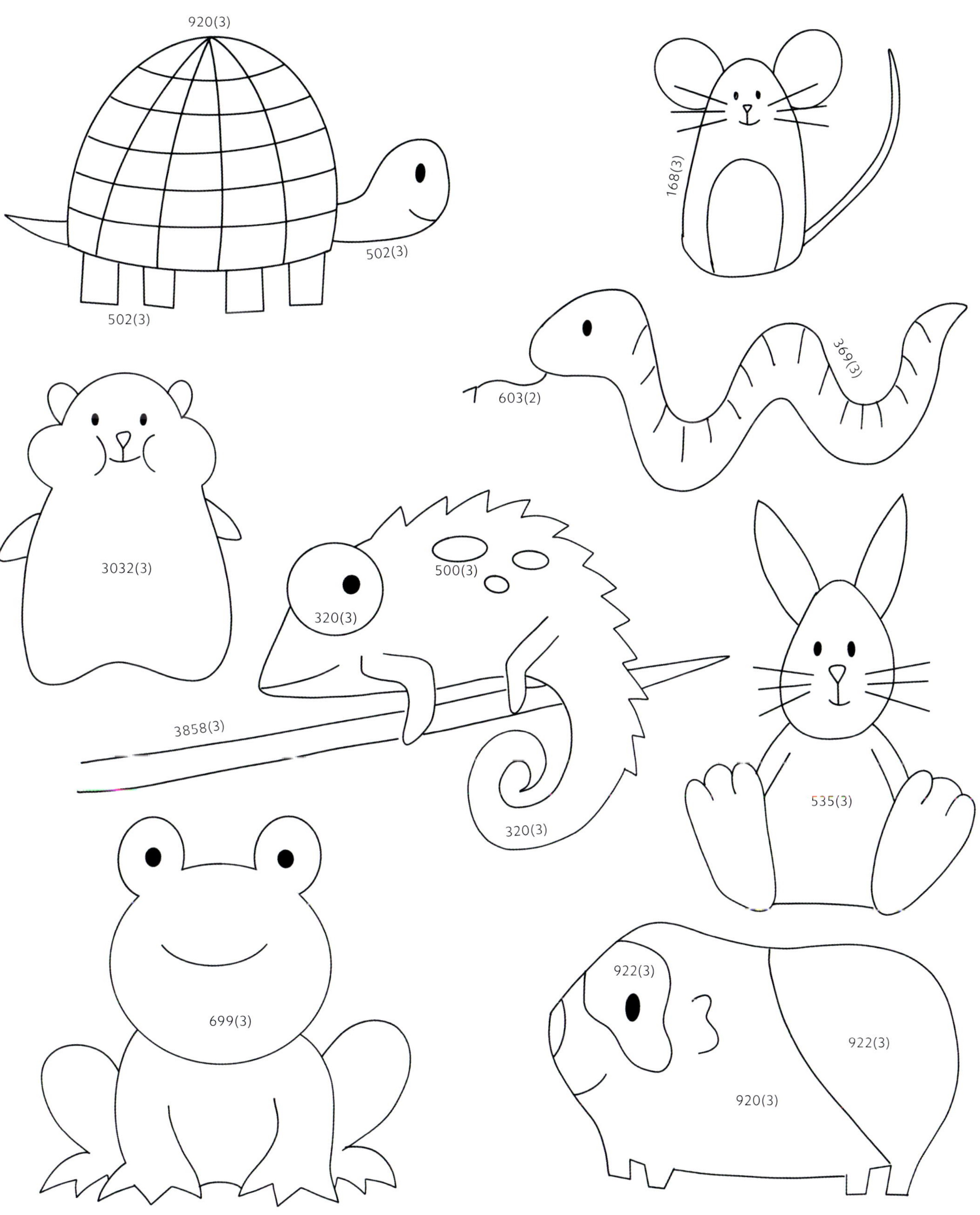

Freundliche Krabbler

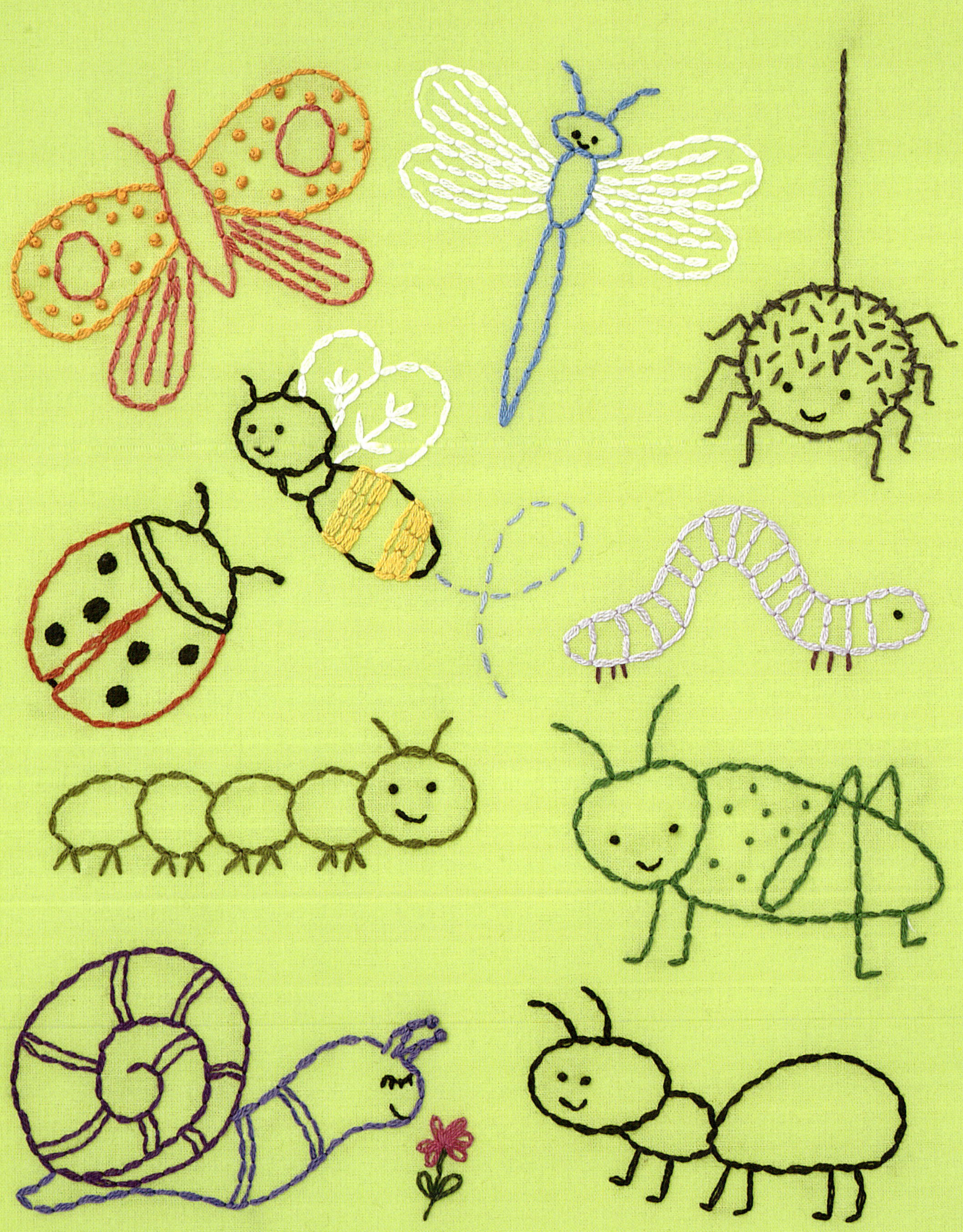

Alle Augen und Münder 310(3)

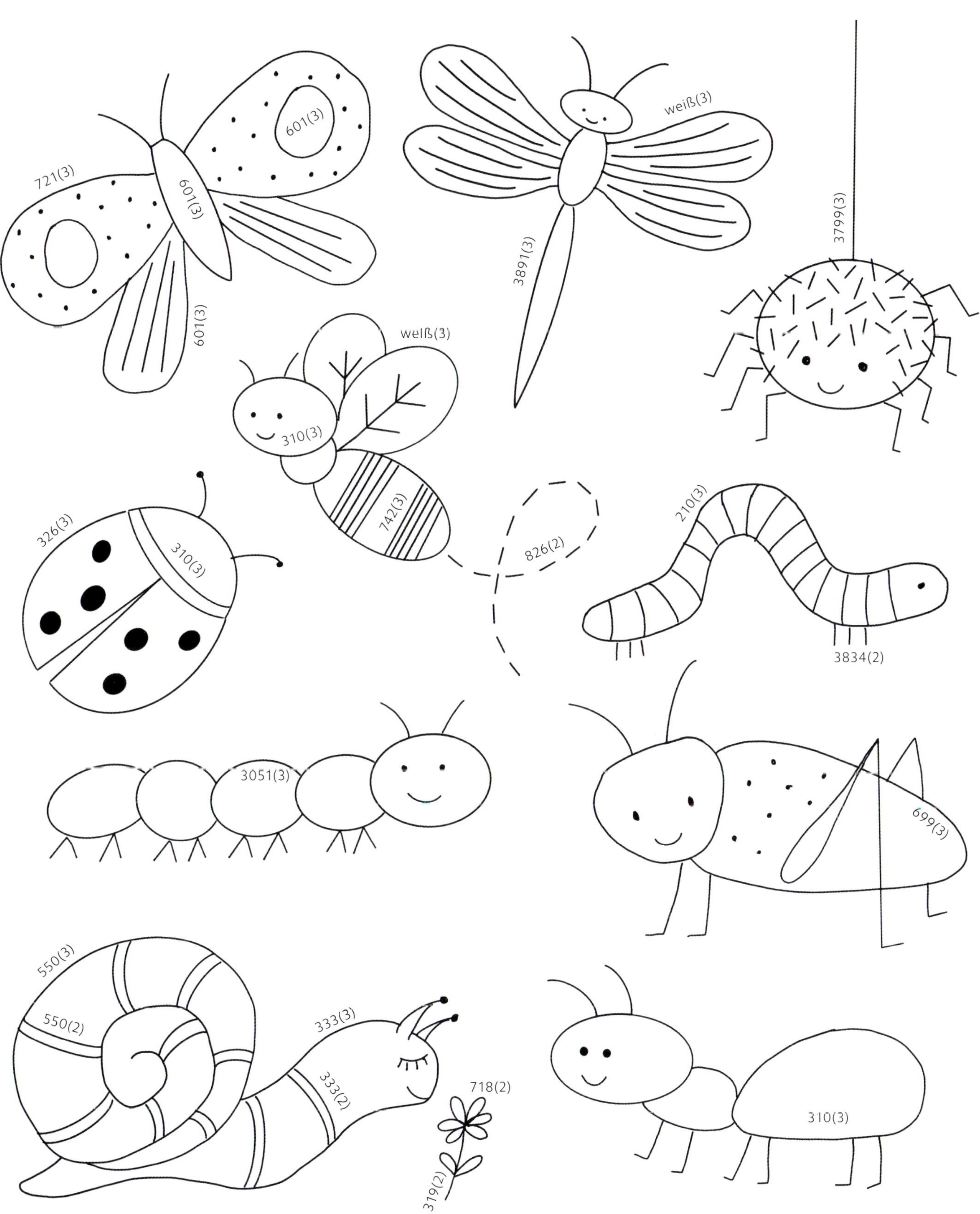

Tiere des Waldes

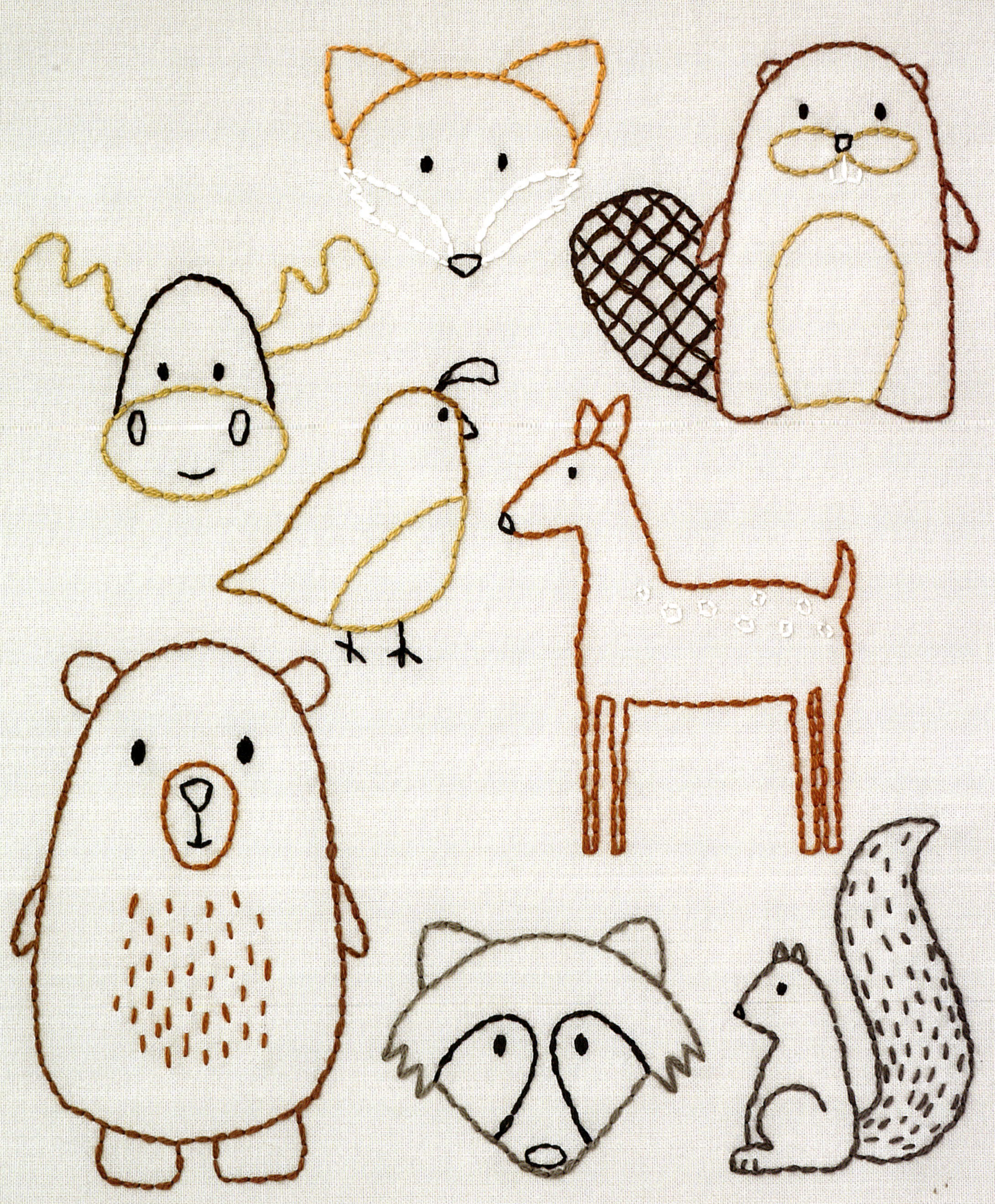

Alle Augen, Münder und Nasen 310(2)

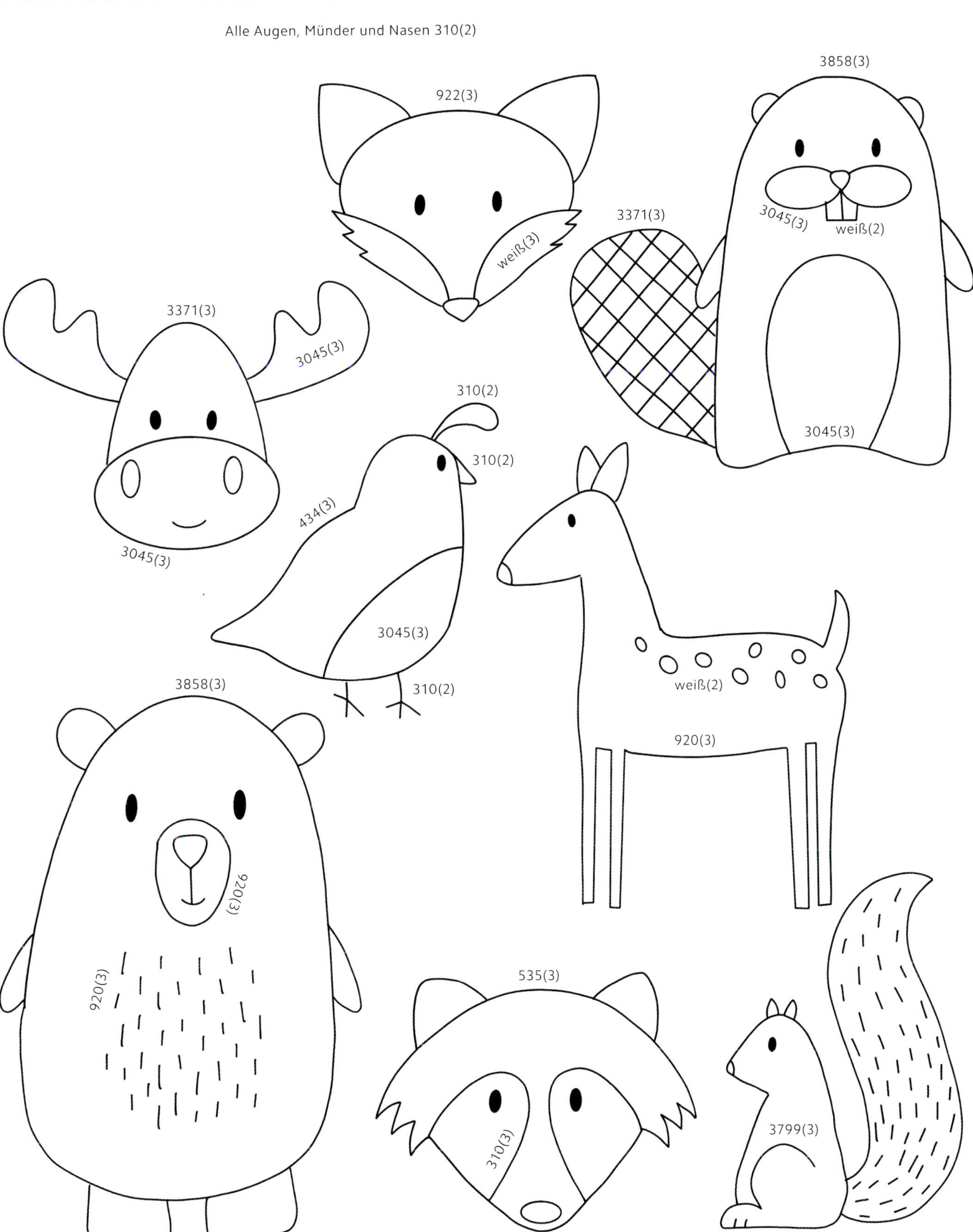

Im Aquarium

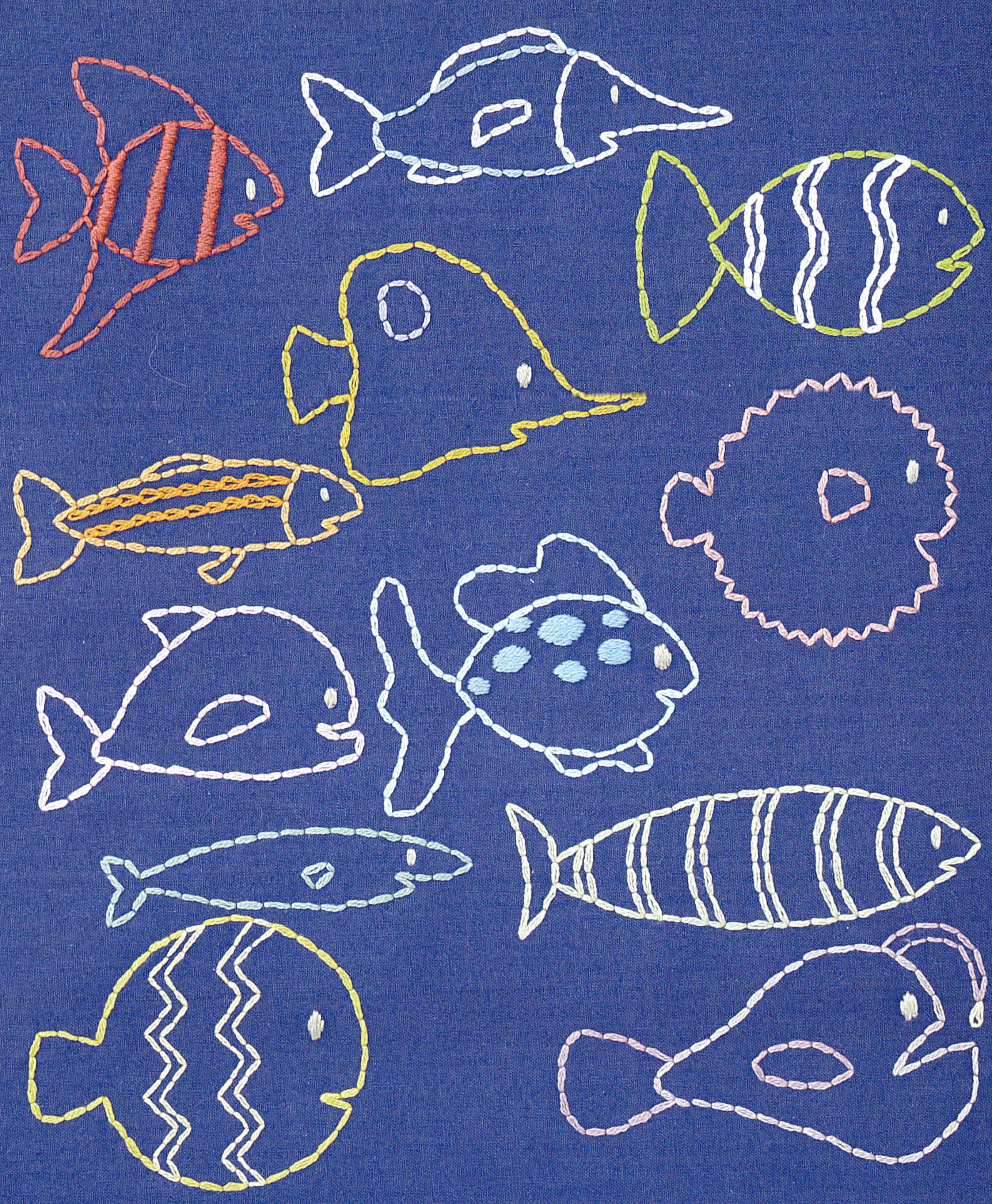

Alle Augen 648(3)

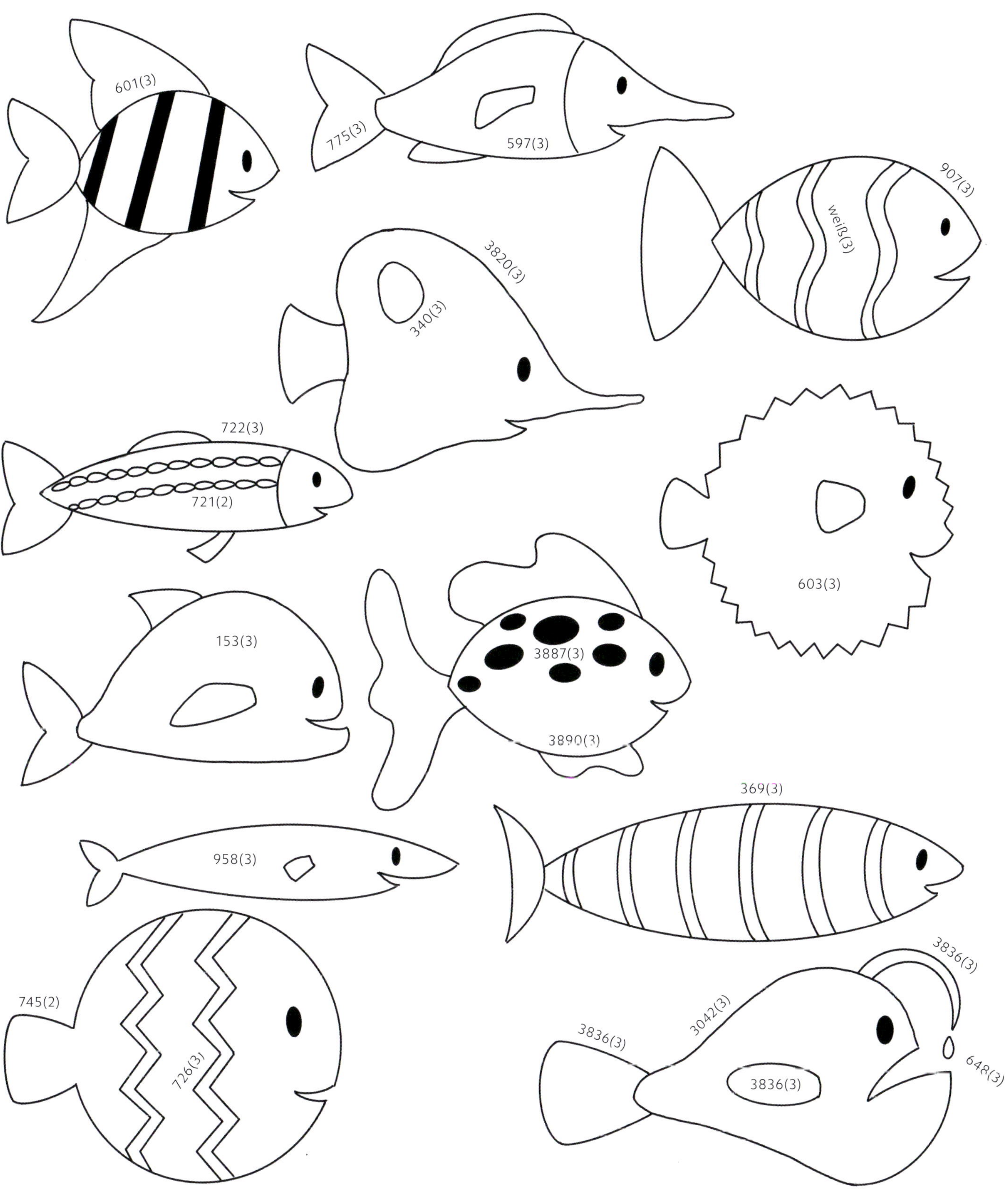

Im Meer

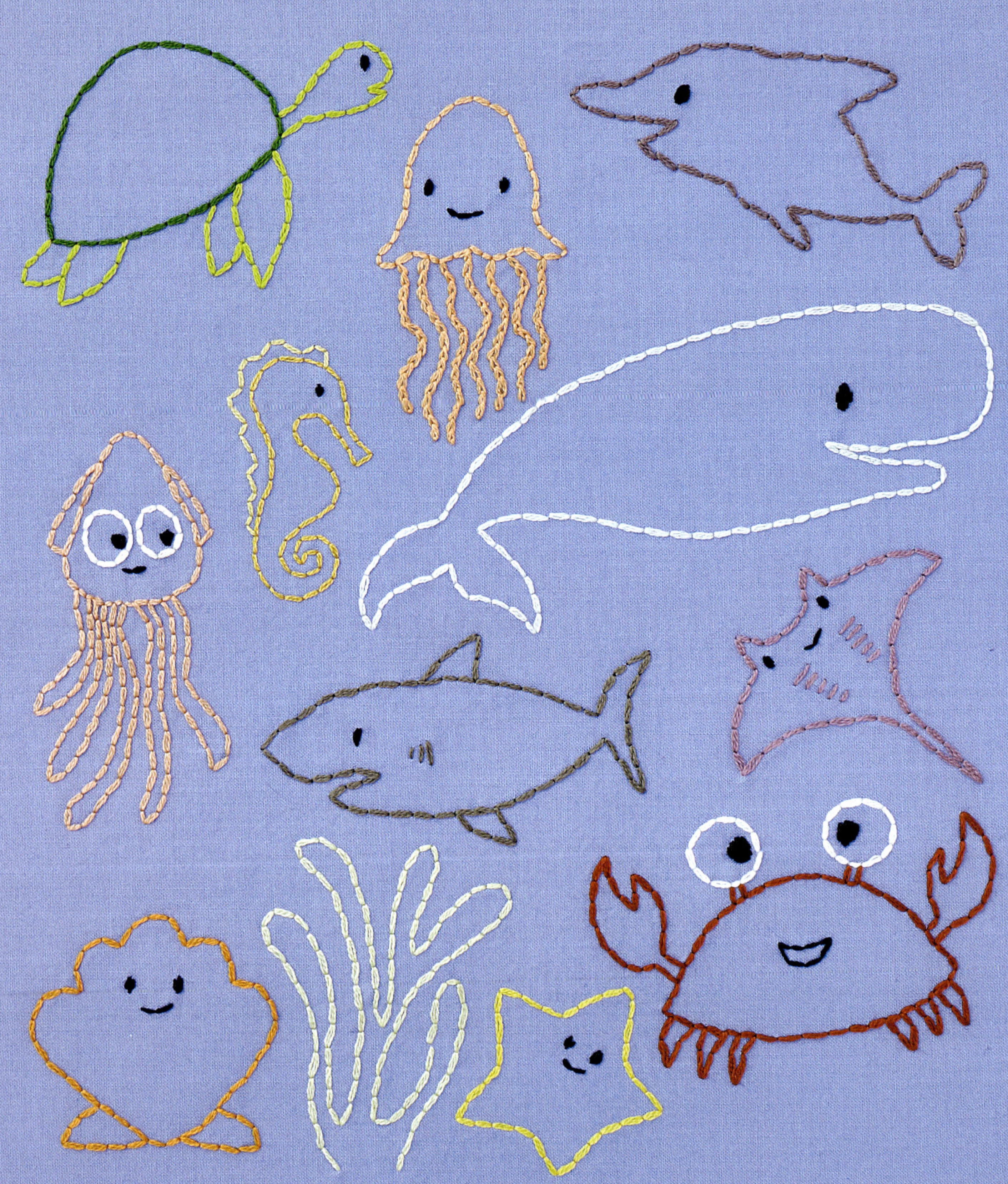

Alle Augen 310(2)

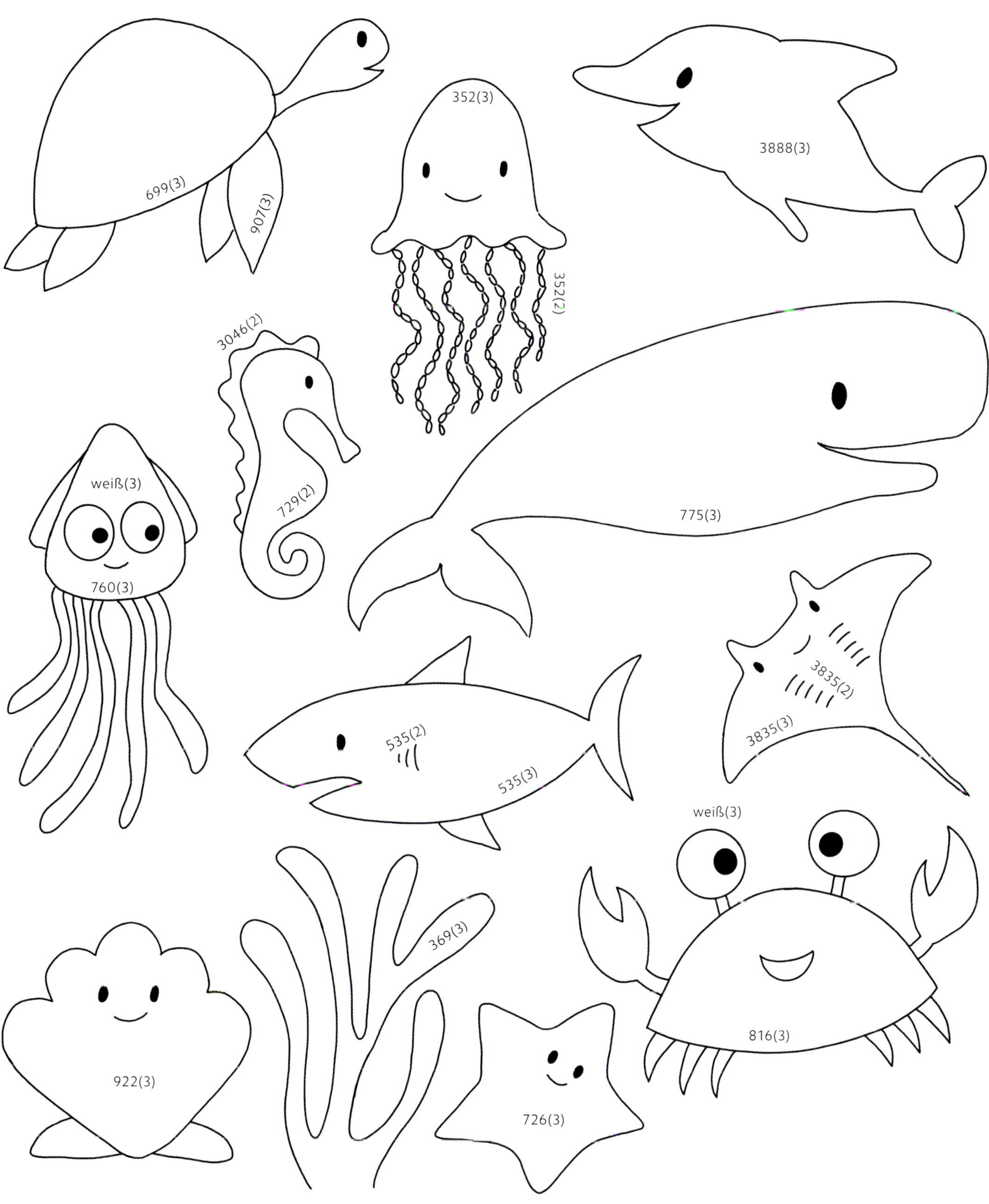

Gefiederte Freunde

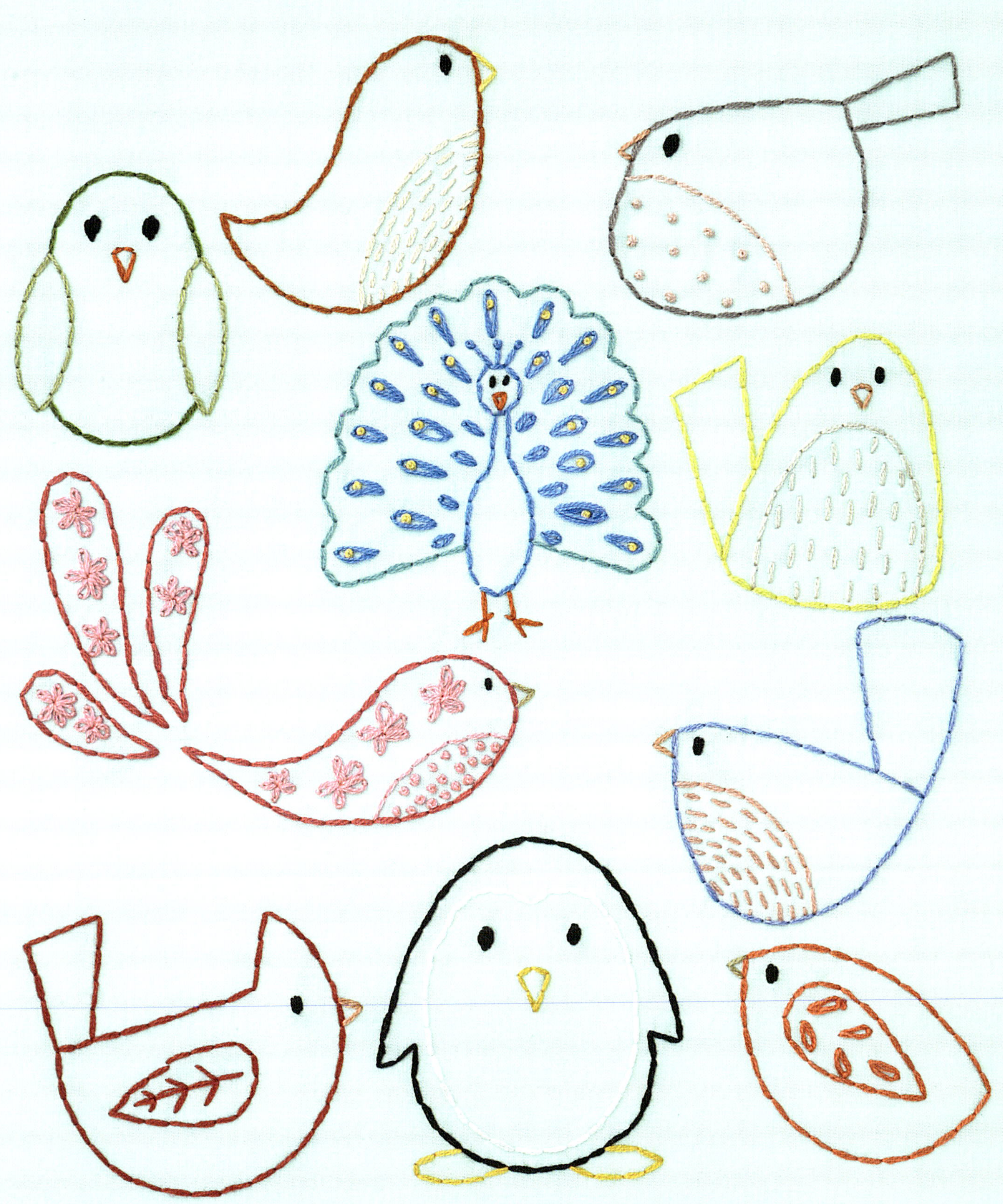

Alle Augen 310(3)

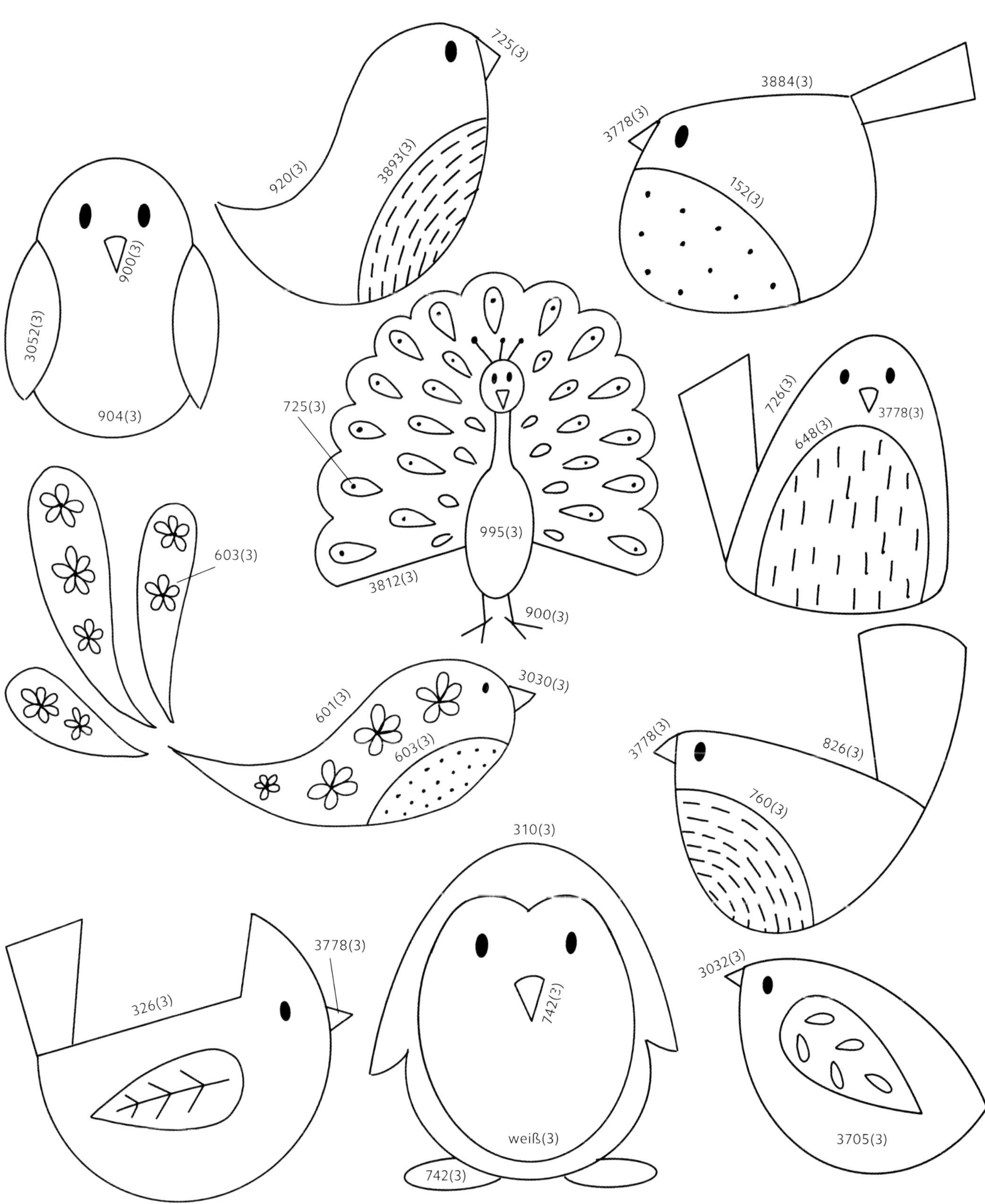

Weise Eulen

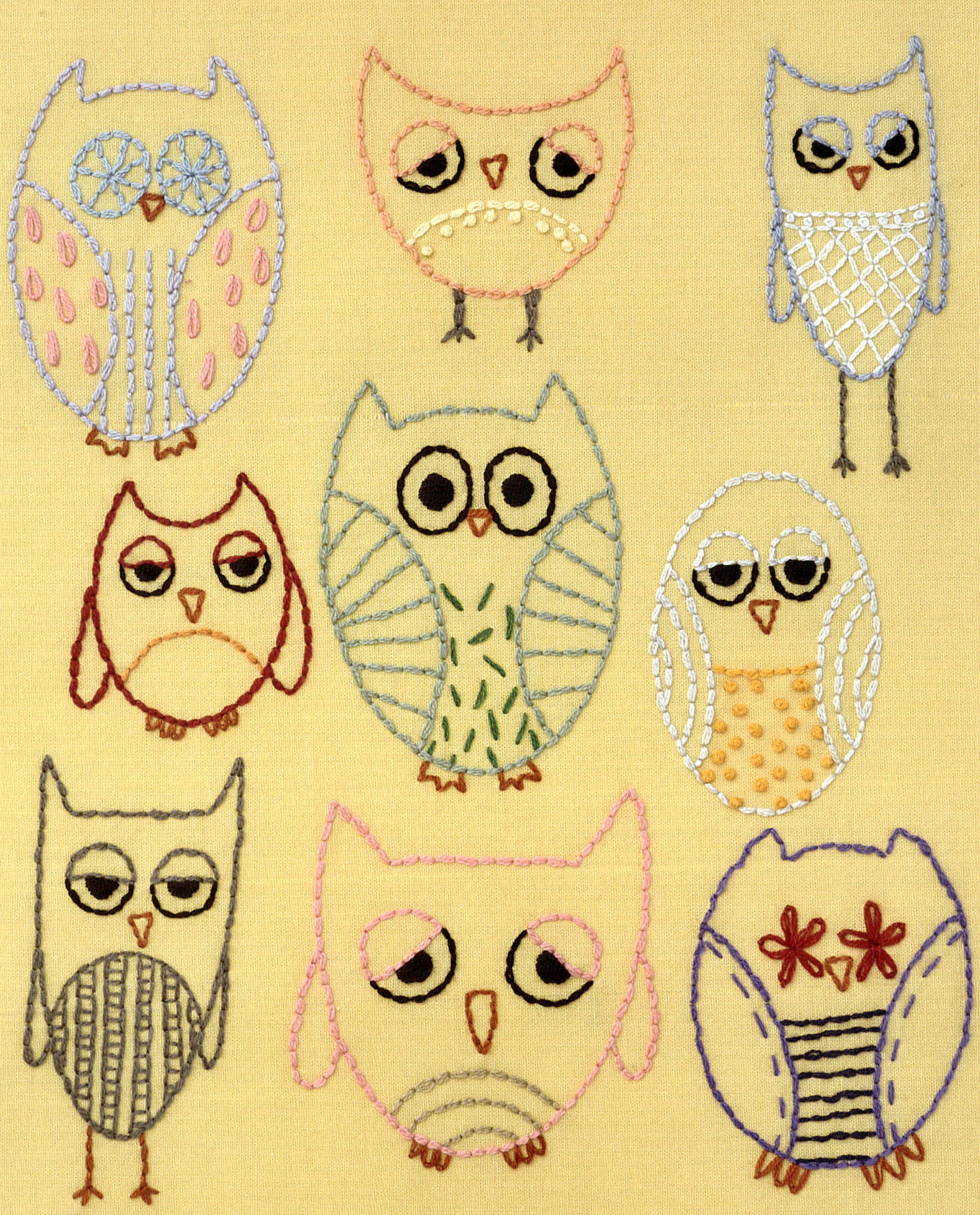

Alle schwarzen Augen 310(3)
Alle Schnäbel 920(3)

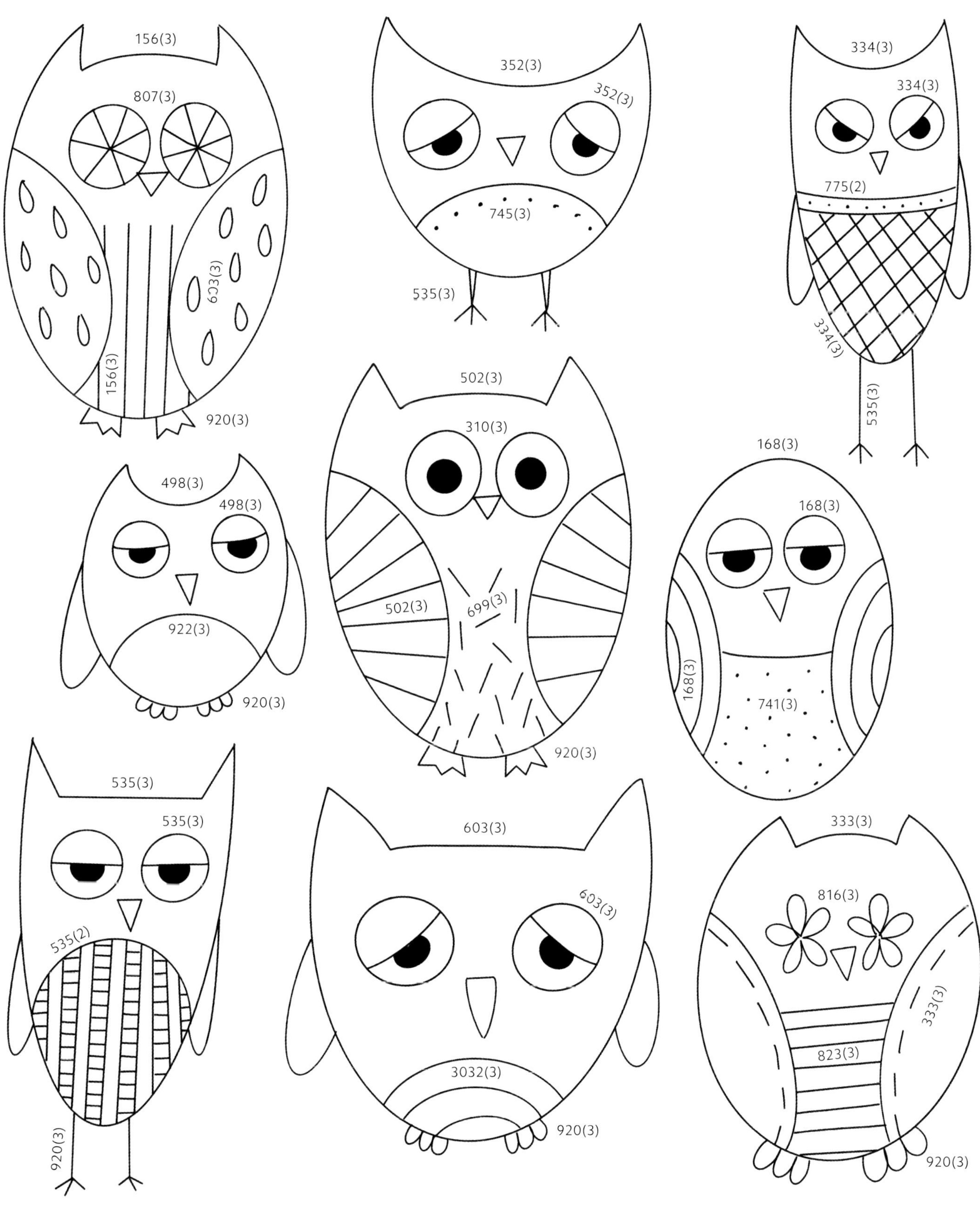

Tiere auf dem Bauernhof

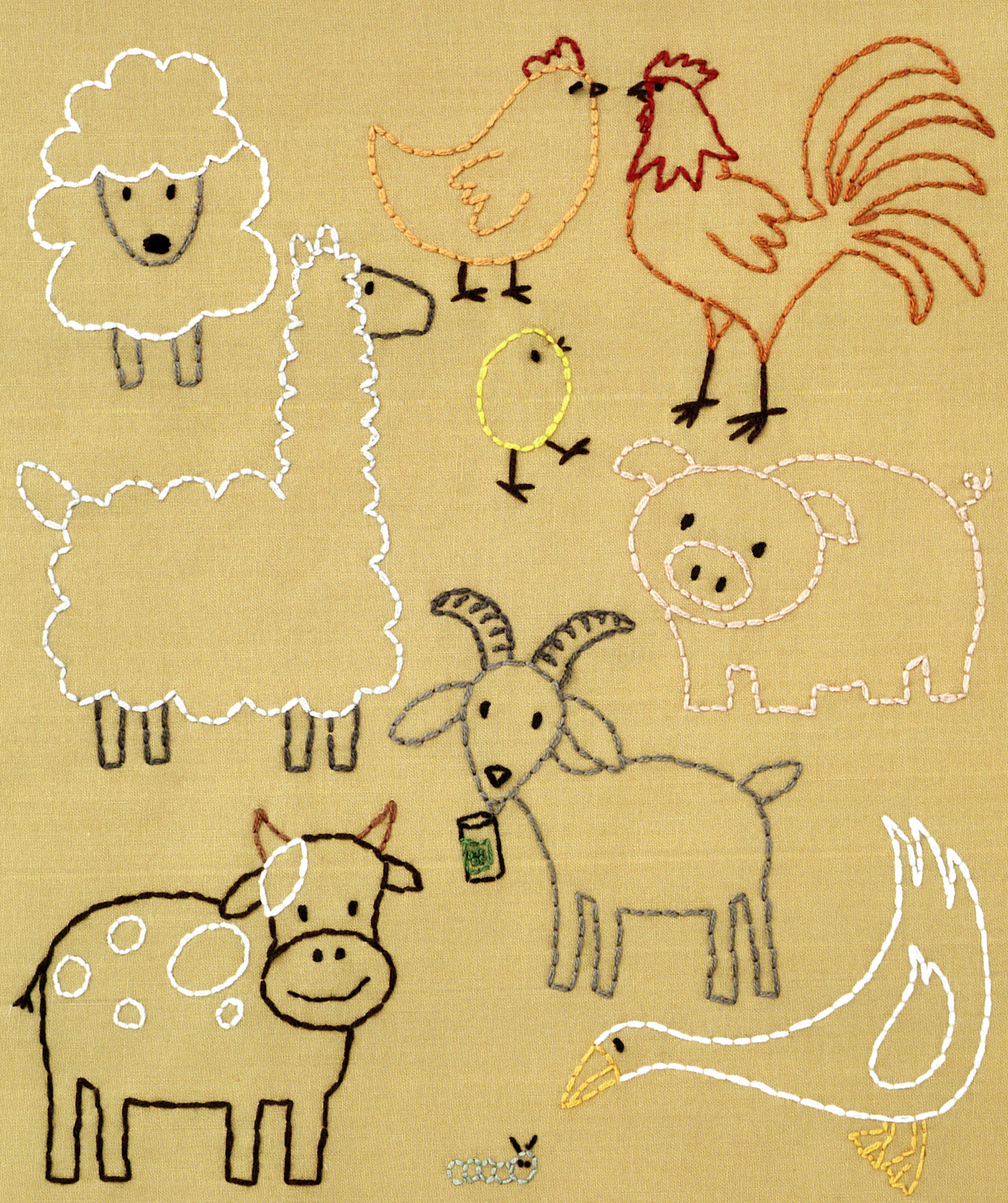

Alle Augen, Münder und Nasen 310(2)

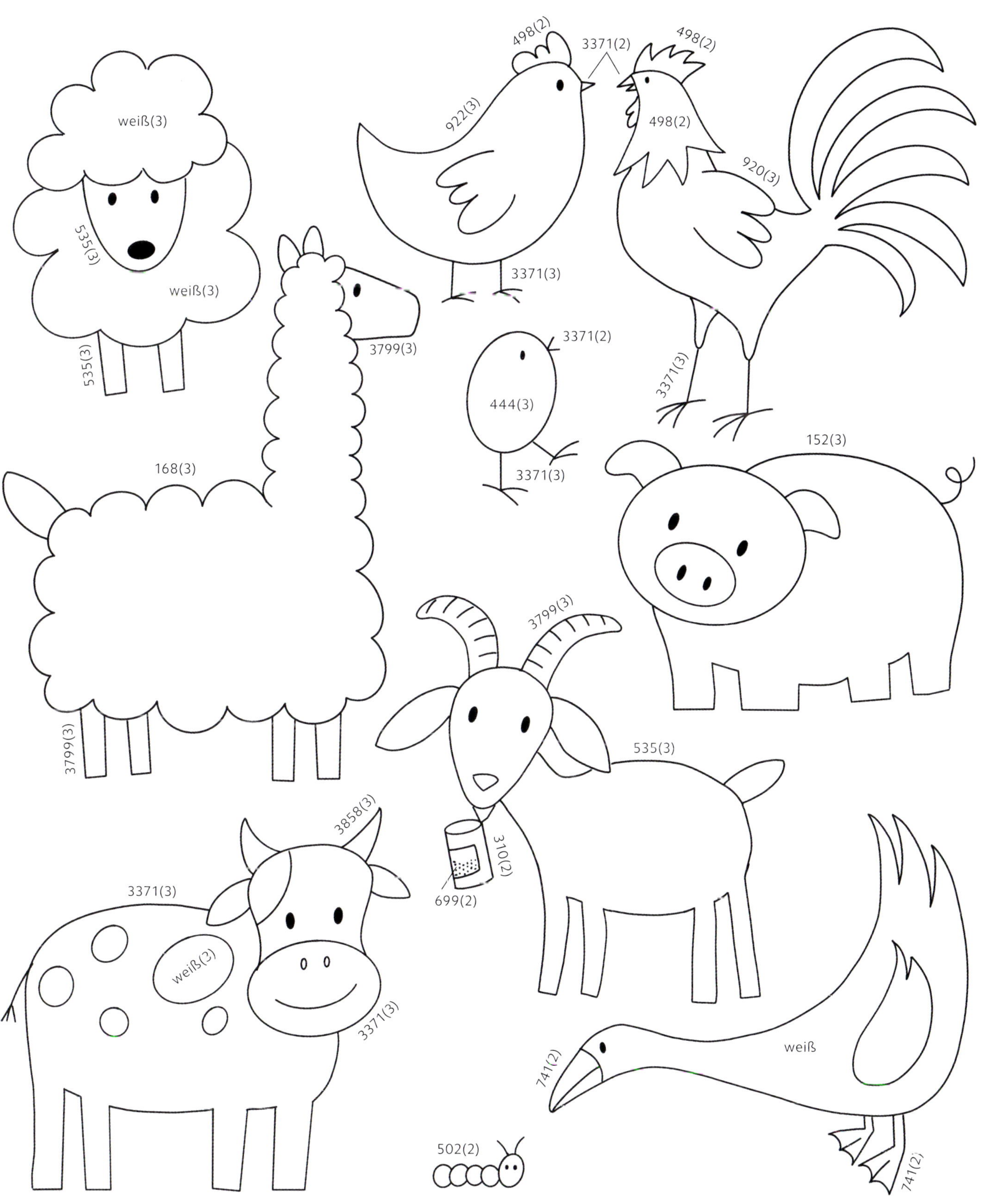

Auf Safari

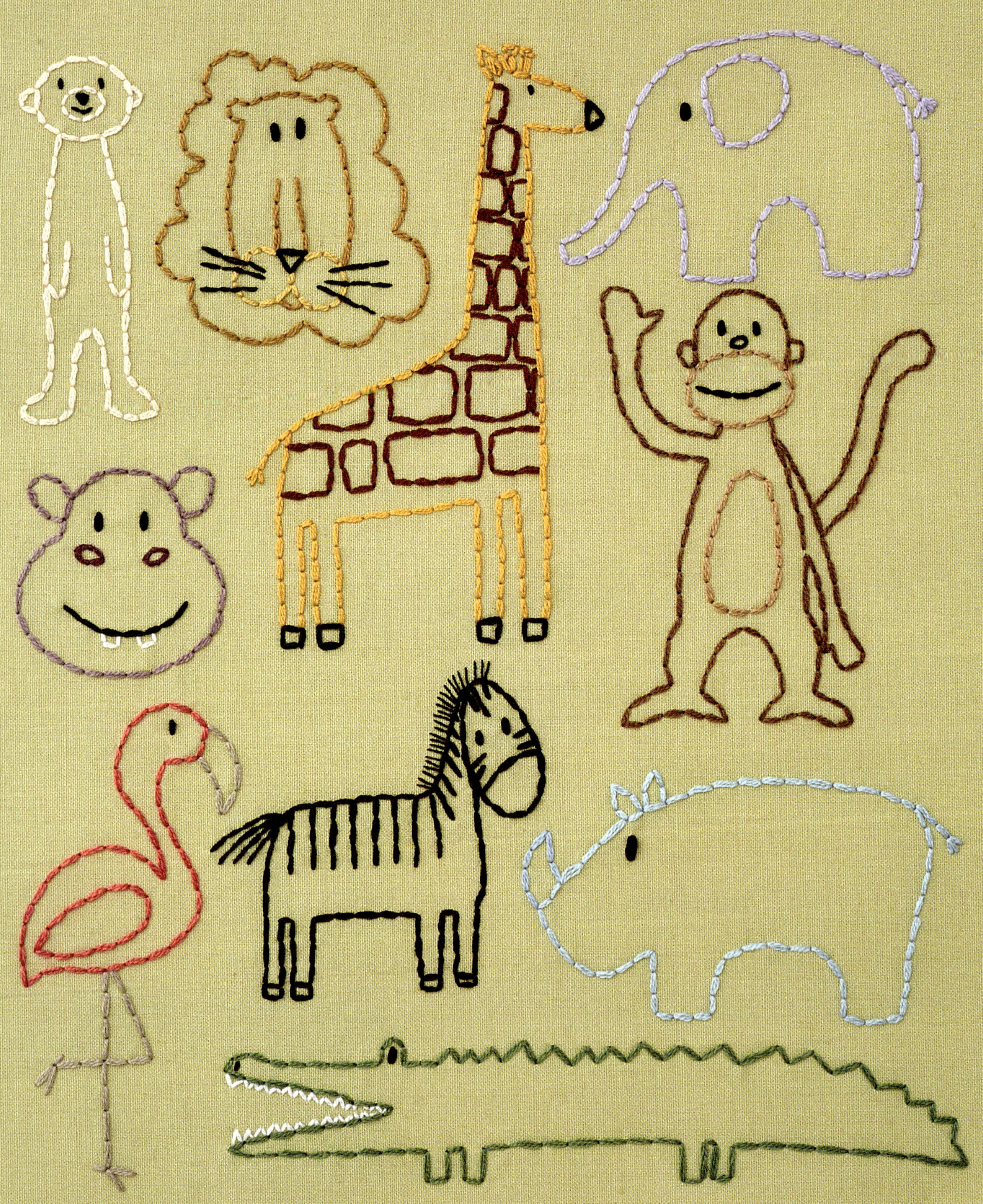

Alle Augen, Nasen, Münder und Schnurrhaare
310(2)

167(3)
340(3)
729(3)
951(3)
738(3)
3863(3)
3041(3)
3857(3)
3882(3)
3834(3)
3863(3)
weiß(2)
310(3)
310(1)
3895(3)
310(3)
597(3)
601(3)
310(2)
807(3)
3895(3)
weiß(2)
505(3)

Dinosaurier-Jagd

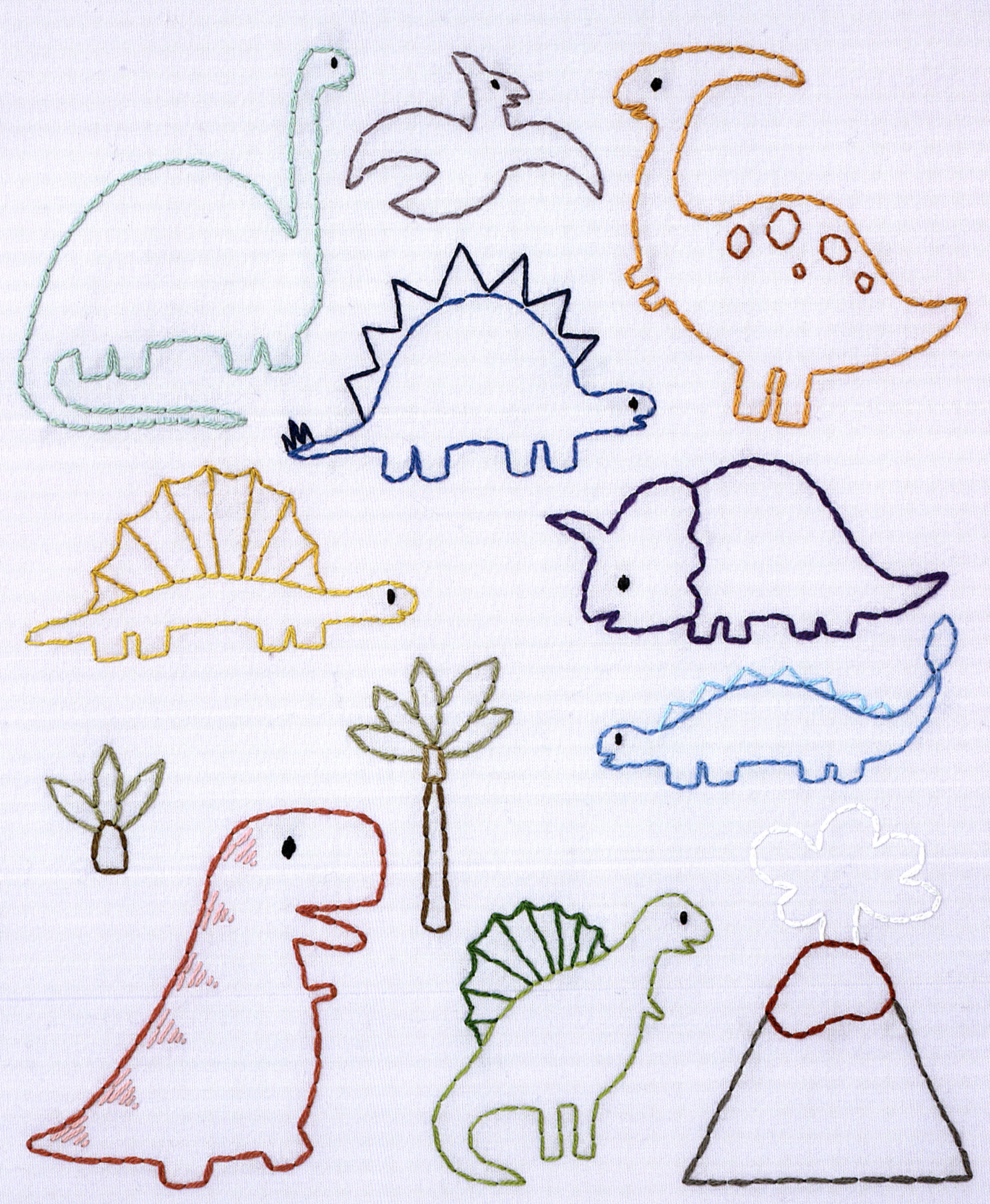

Alle Augen 310(2)

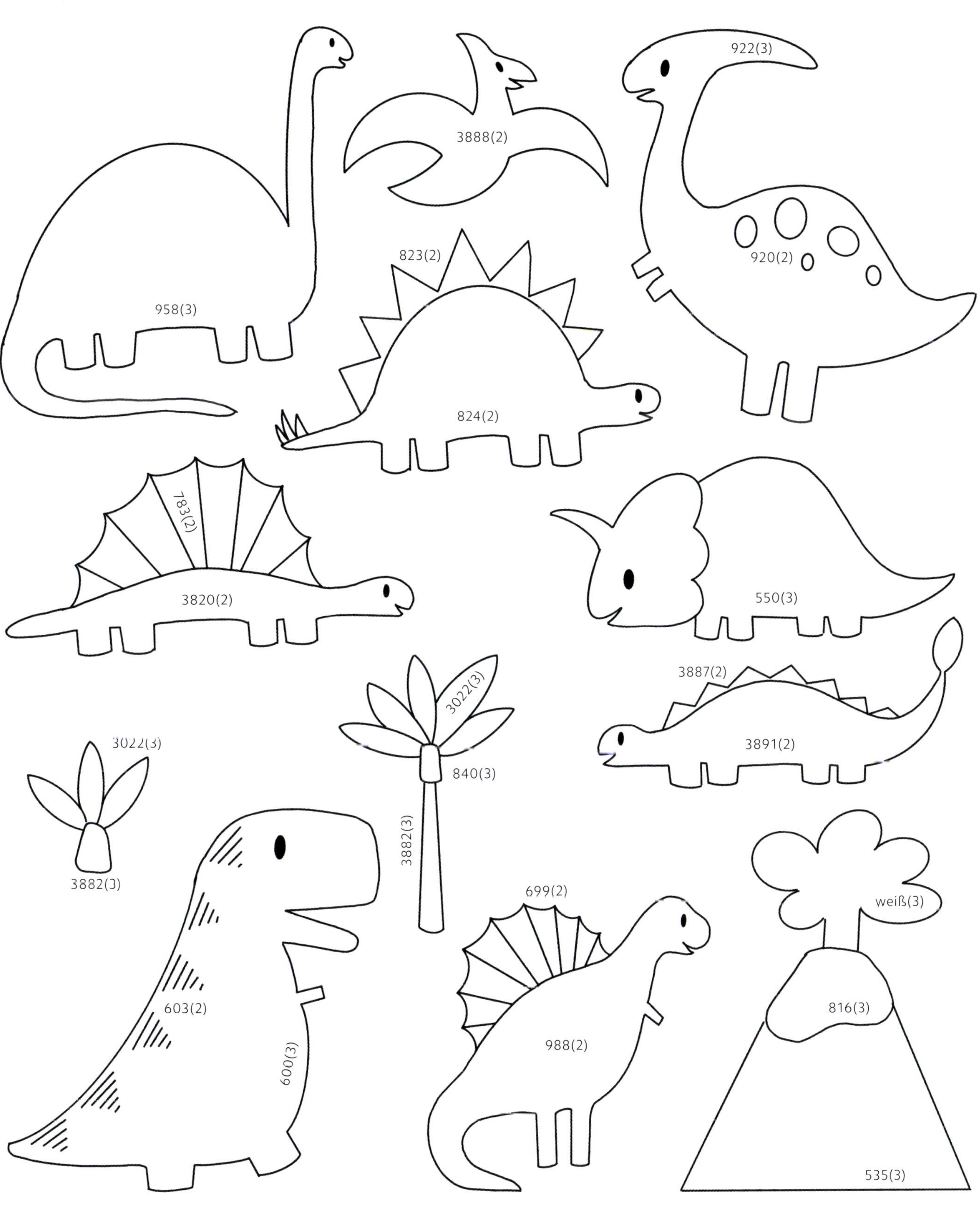

Mädels-Truppe

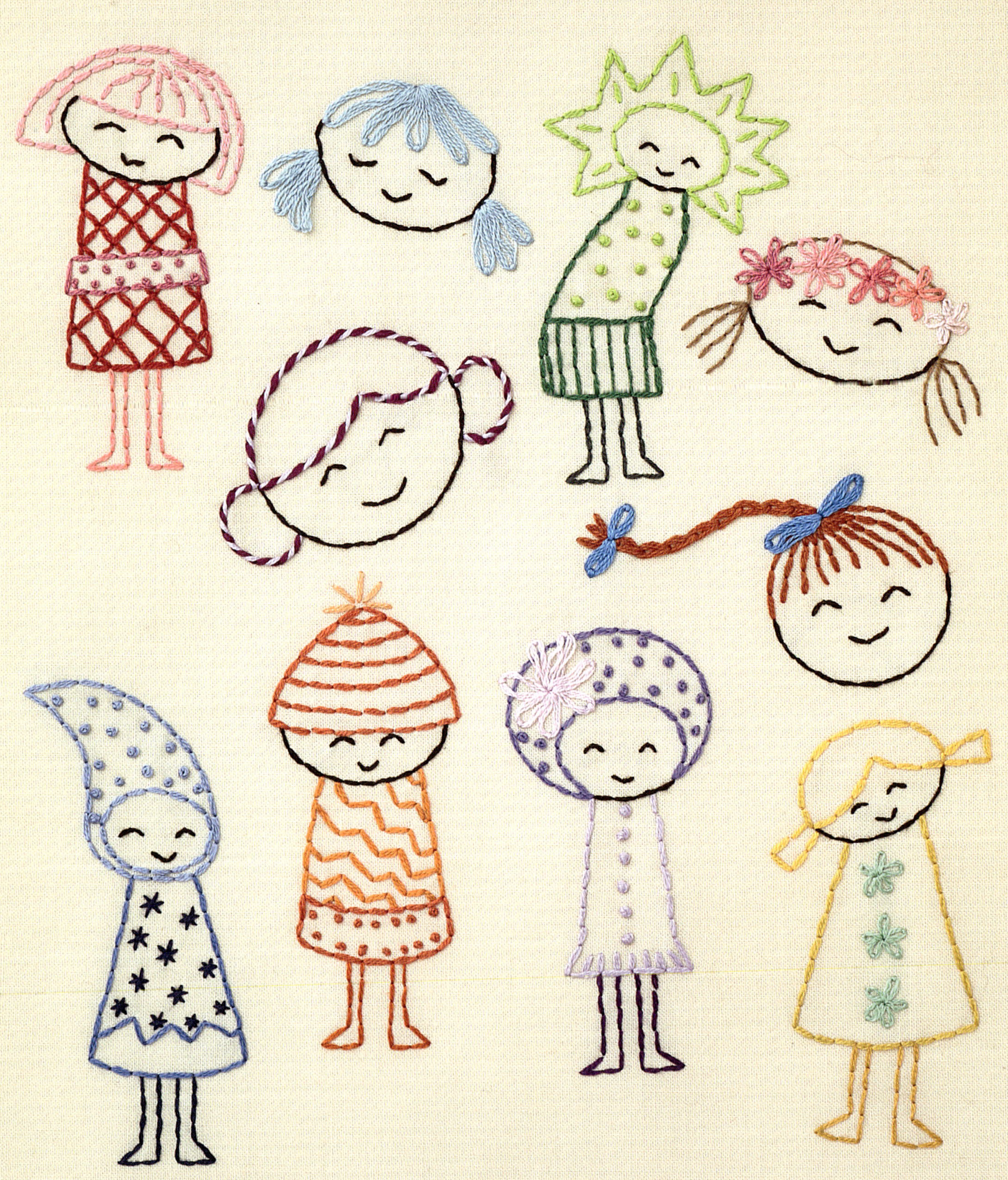

Alle Augen, Münder und Gesichter 3371(2)

Jungs-Bande

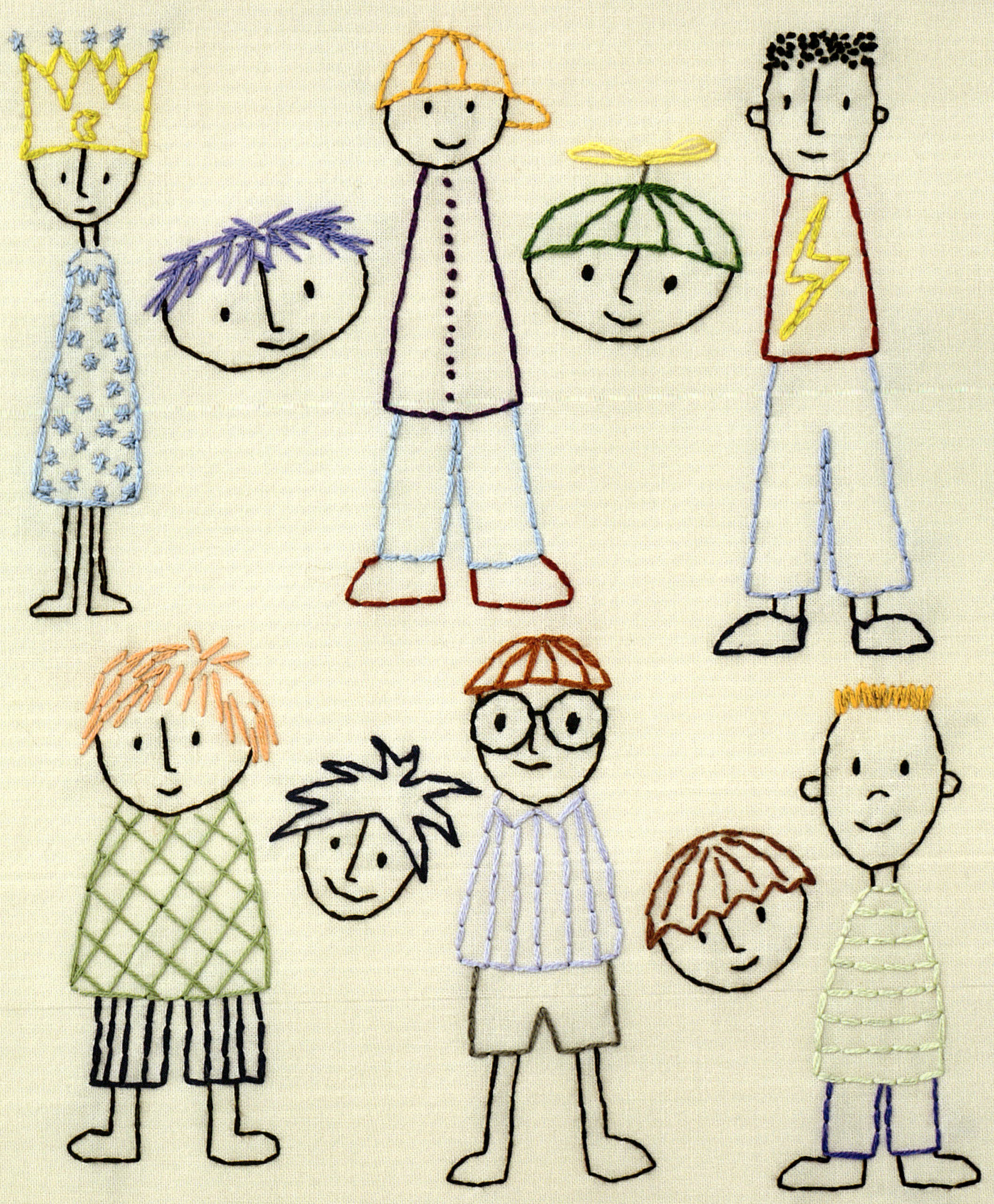

Alle Augen 310(2)
alle Gesichter, Nasen und Münder 3371(2)

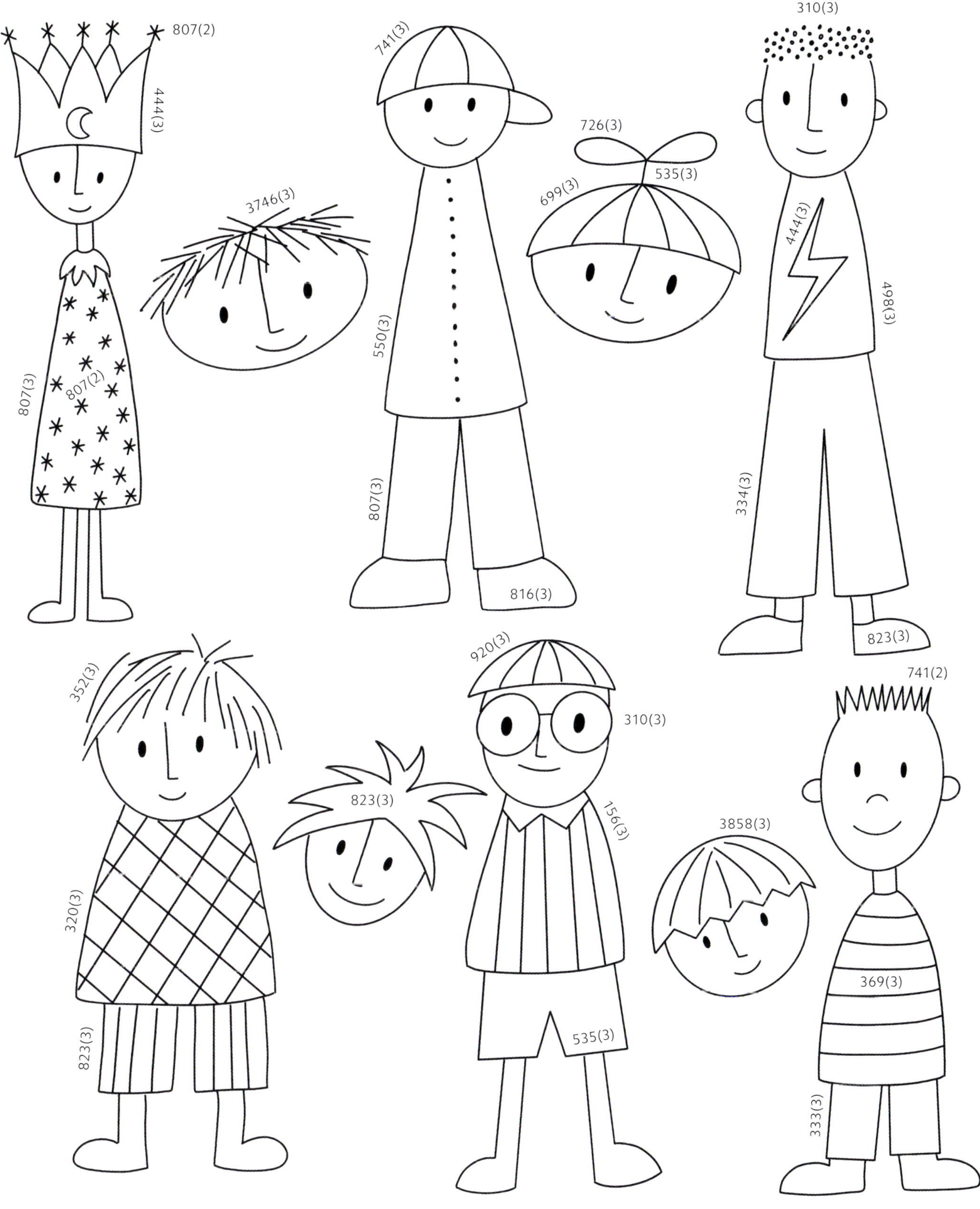

Damen

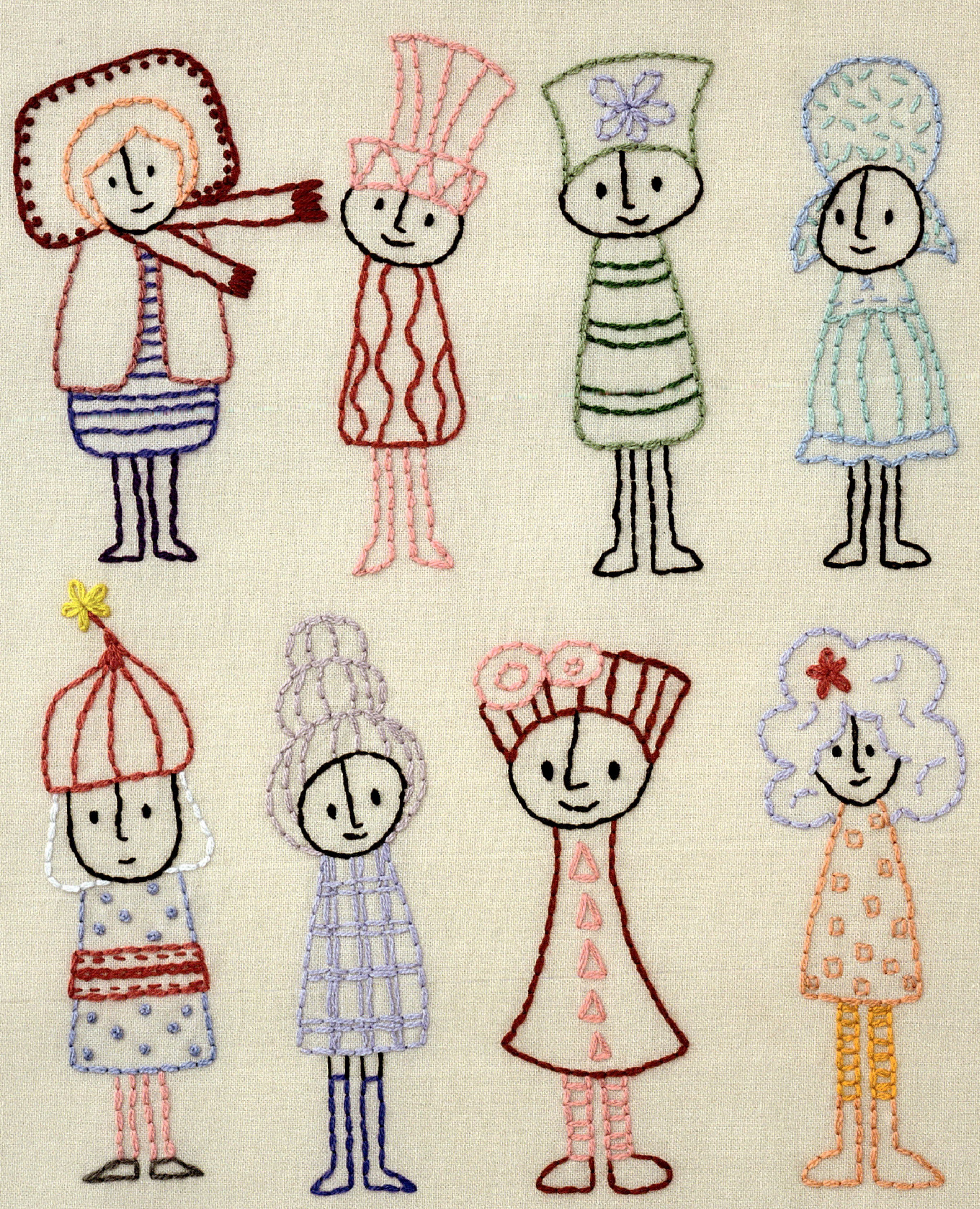

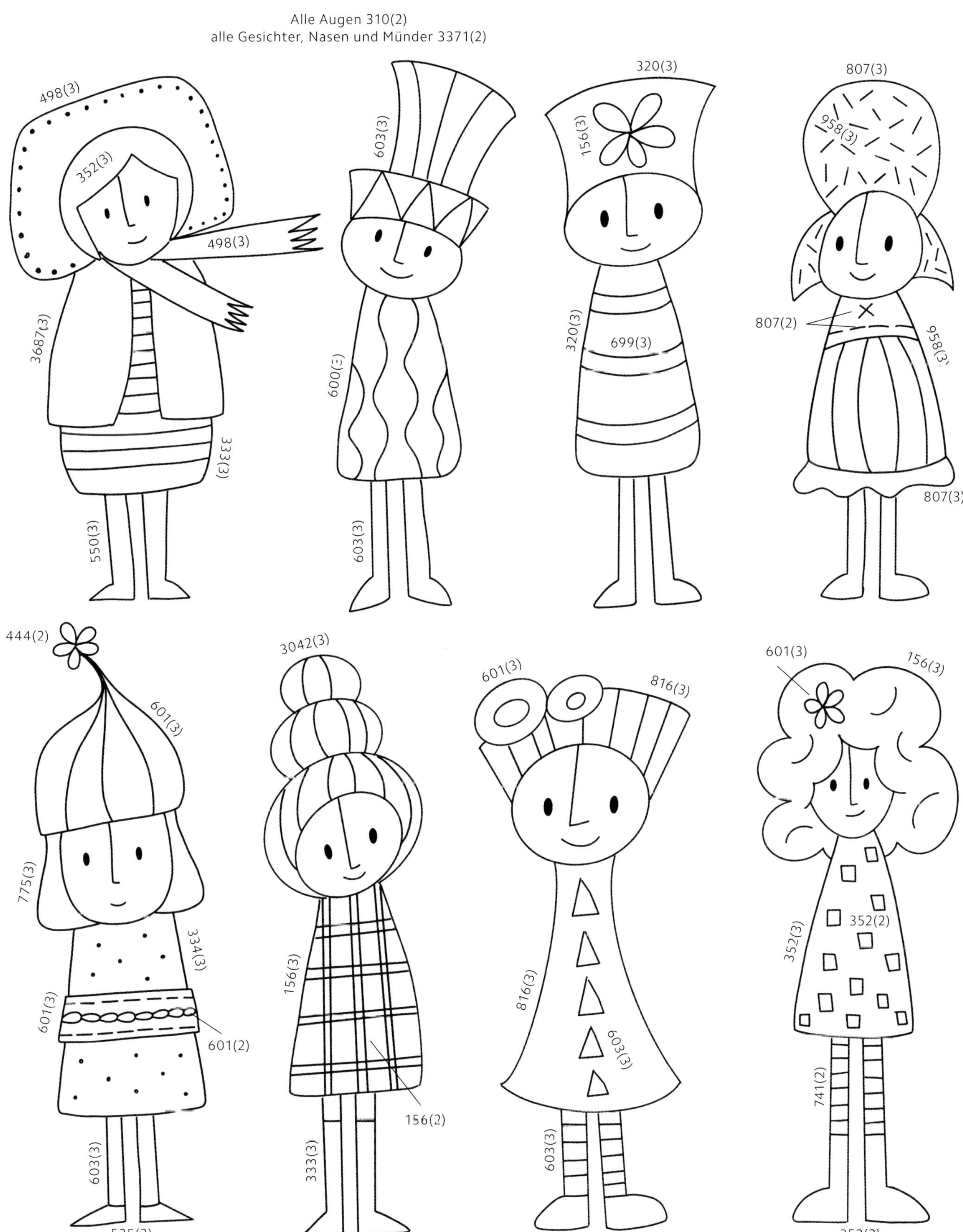
Alle Augen 310(2)
alle Gesichter, Nasen und Münder 3371(2)
498(3)
352(3)
498(3)
3687(3)
333(3)
550(3)
603(3)
600(3)
603(3)
320(3)
156(3)
320(3)
699(3)
807(3)
958(3)
807(2)
958(3)
807(3)
444(2)
601(3)
775(3)
334(3)
601(3)
601(2)
603(3)
535(3)
3042(3)
156(3)
156(2)
333(3)
601(3)
816(3)
816(3)
603(3)
603(3)
816(3)
601(3)
156(3)
352(2)
352(3)
741(2)
352(2)

Herren

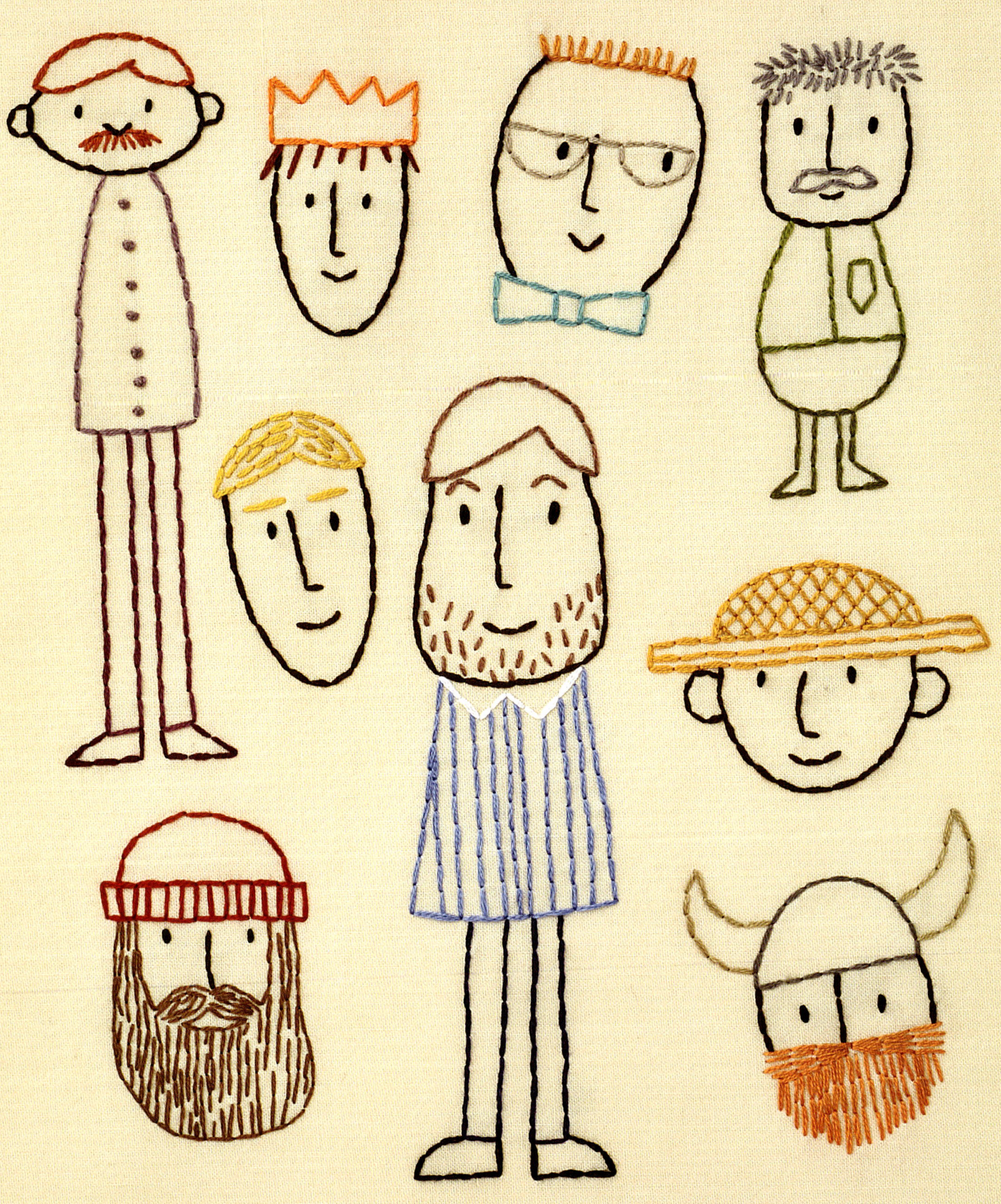

Alle Gesichter, Nasen und Münder 3371(3)
alle Augen 310(3)

Auf zum Strand!

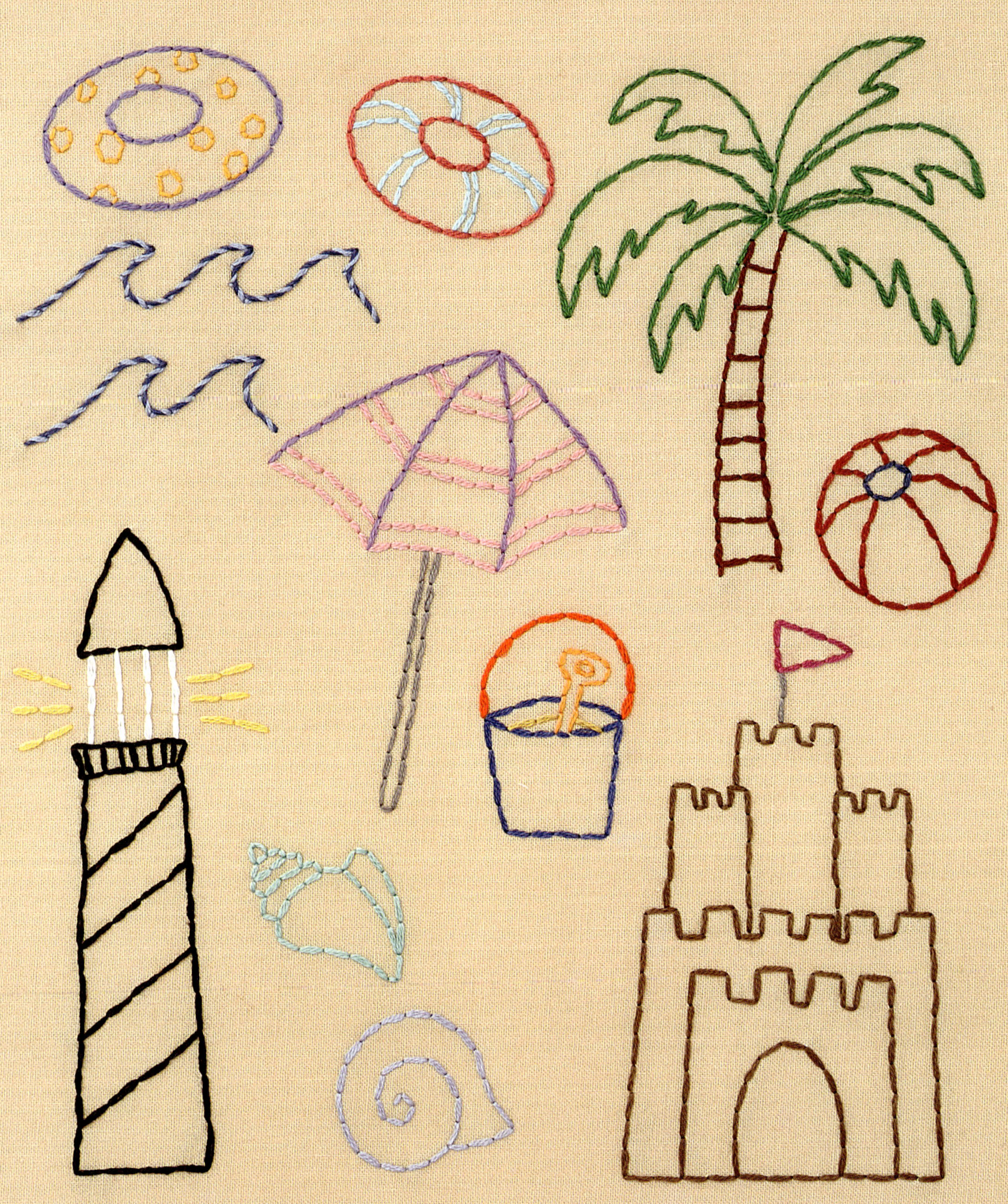

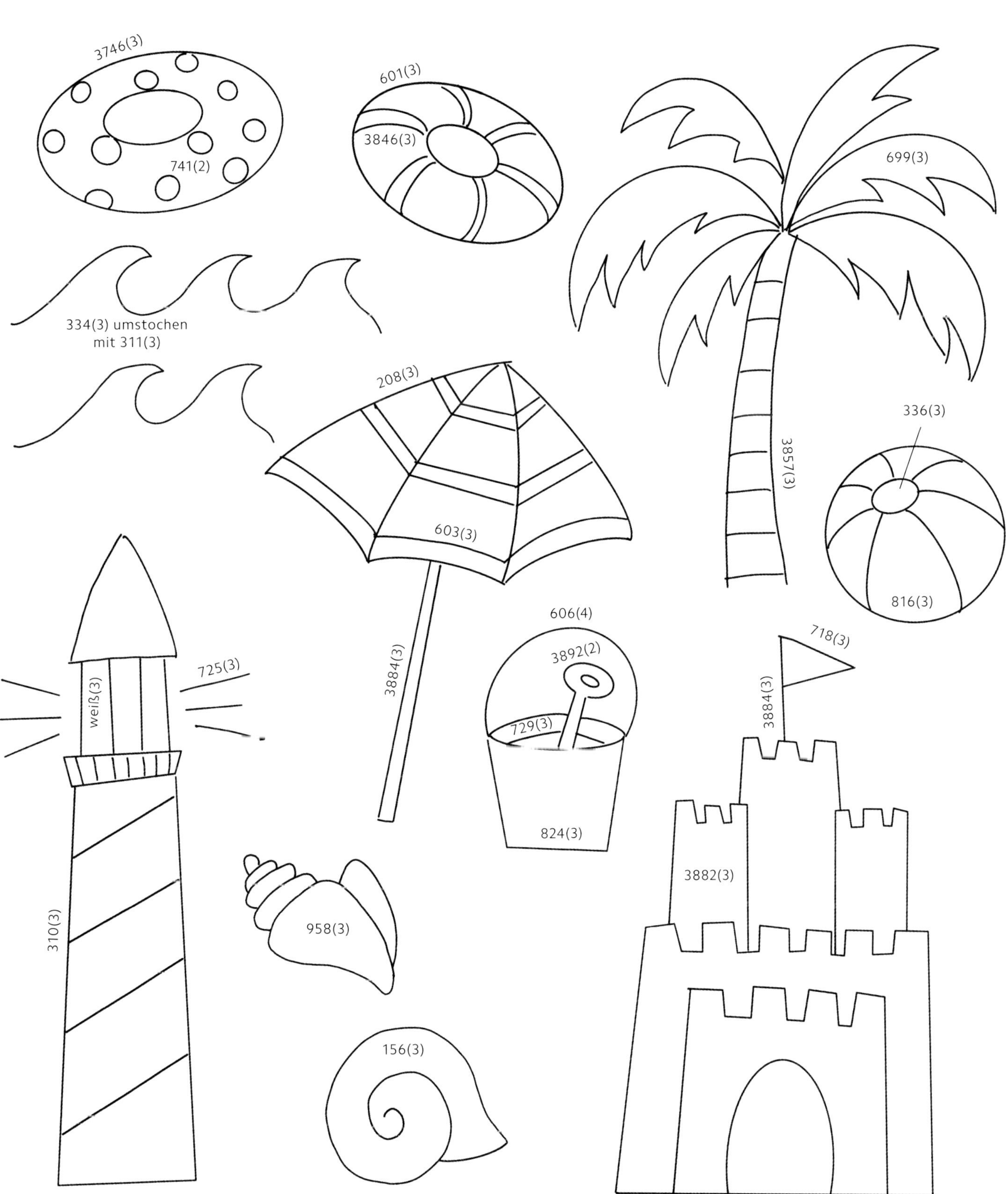
3746(3)
741(2)
601(3)
3846(3)
699(3)
334(3) umstochen
mit 311(3)
208(3)
603(3)
3857(3)
336(3)
816(3)
weiß(3)
725(3)
3884(3)
606(4)
3892(2)
729(3)
824(3)
718(3)
3884(3)
3882(3)
310(3)
958(3)
156(3)

Auf dem Bauernhof

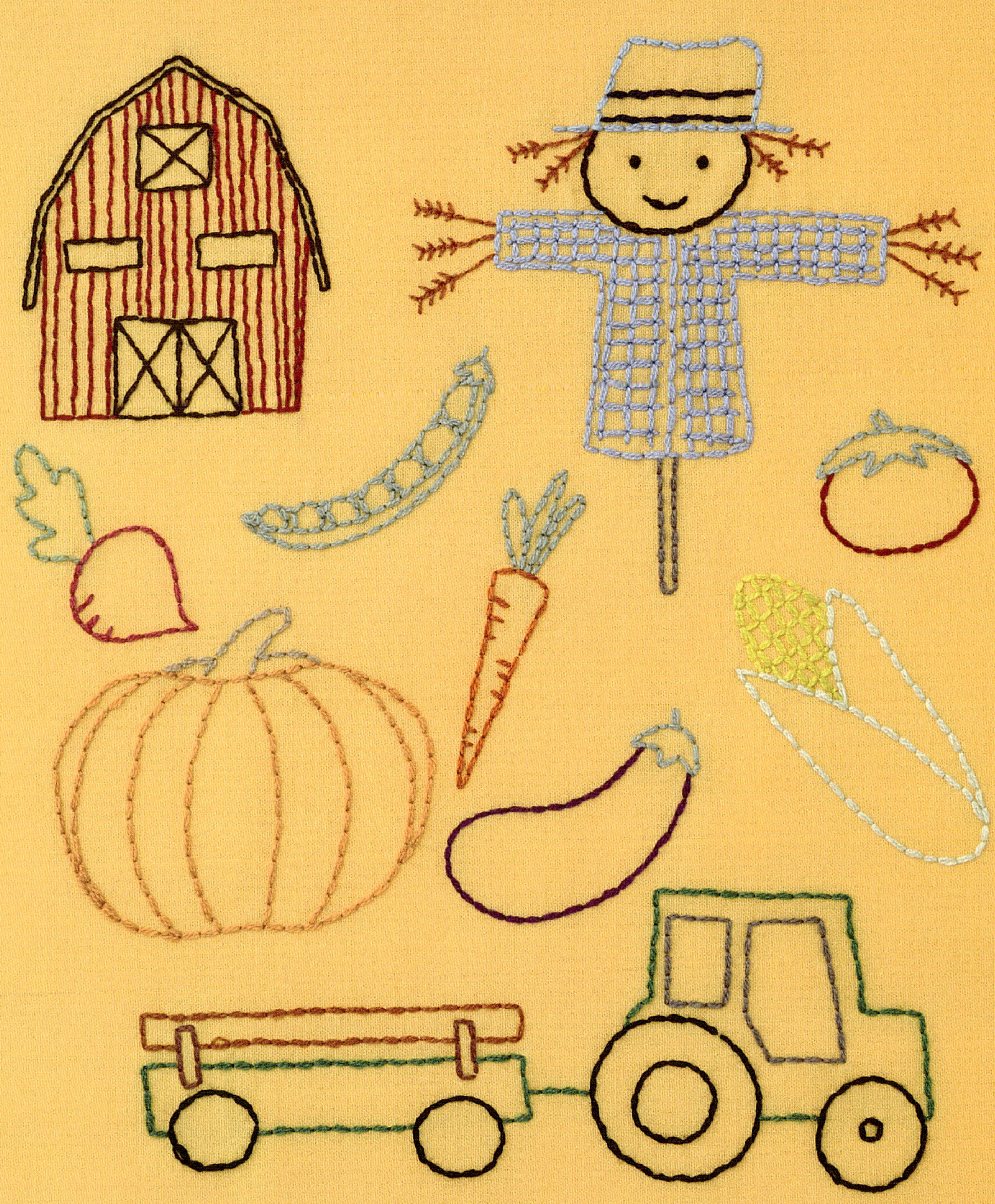

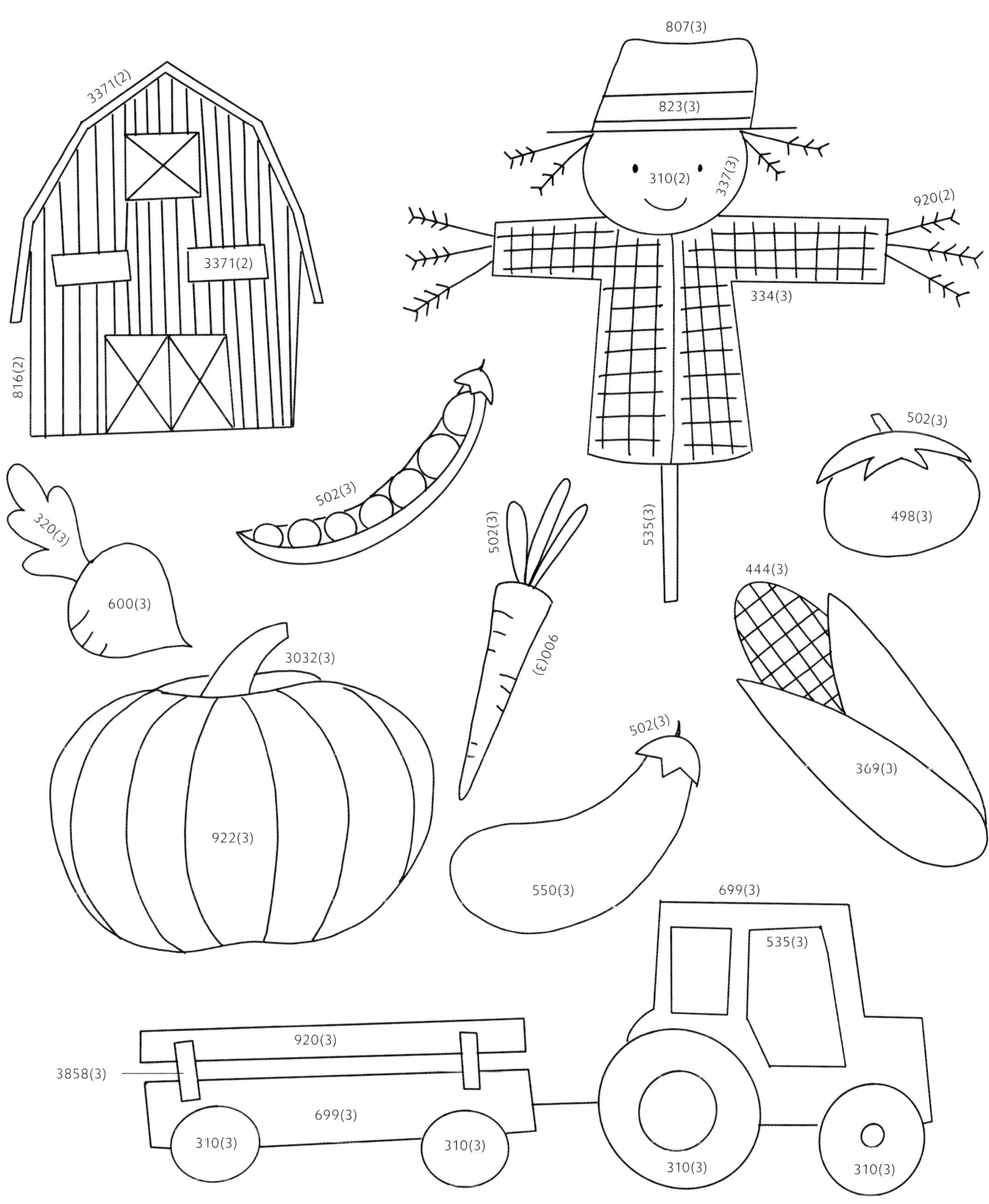
807(3)
823(3)
310(2)
337(3)
920(2)
334(3)
3371(2)
3371(2)
816(2)
502(3)
502(3)
498(3)
320(3)
600(3)
502(3)
900(3)
535(3)
444(3)
3032(3)
369(3)
502(3)
922(3)
550(3)
699(3)
535(3)
920(3)
3858(3)
699(3)
310(3)
310(3)
310(3)
310(3)

Home Sweet Home

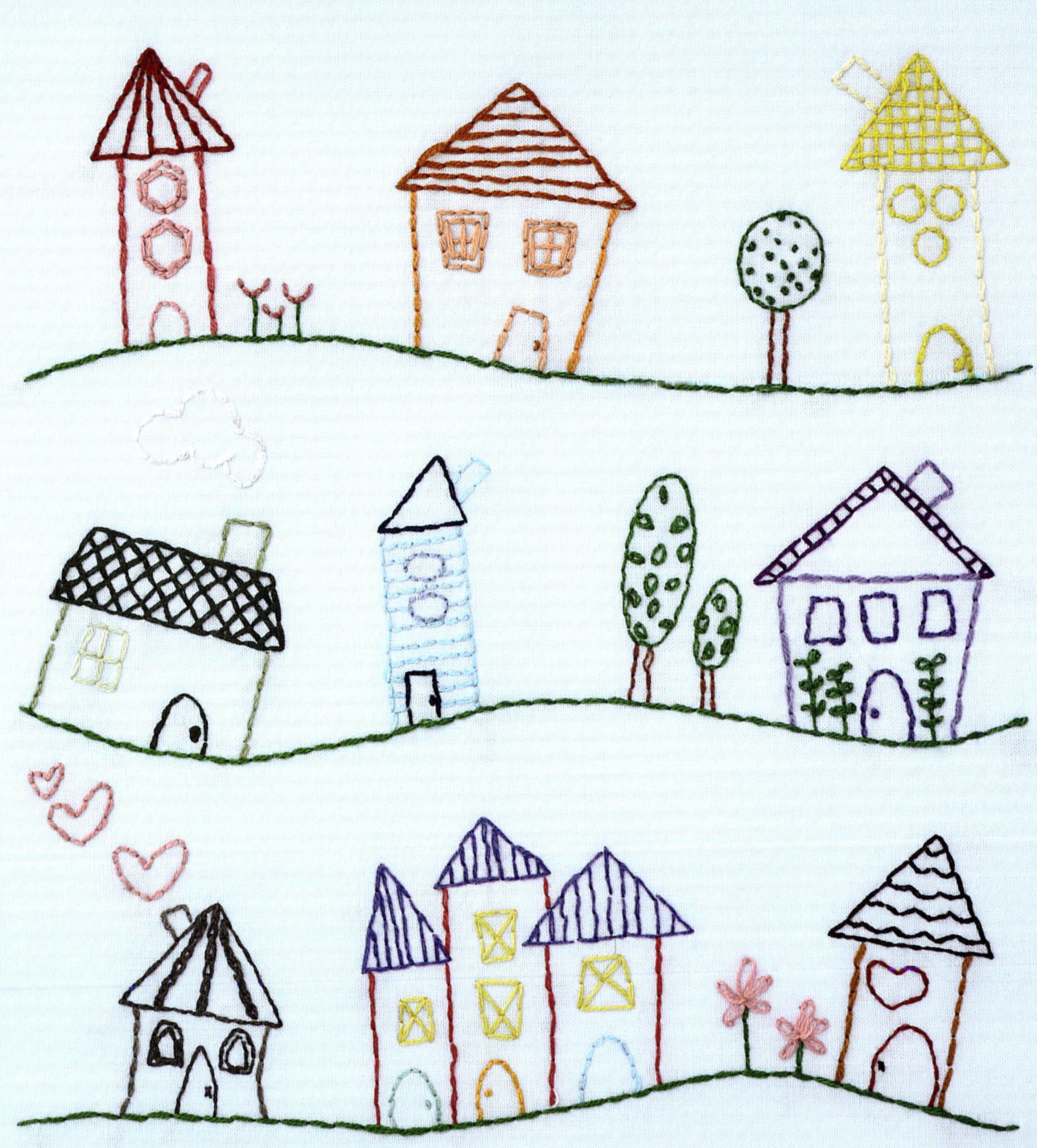

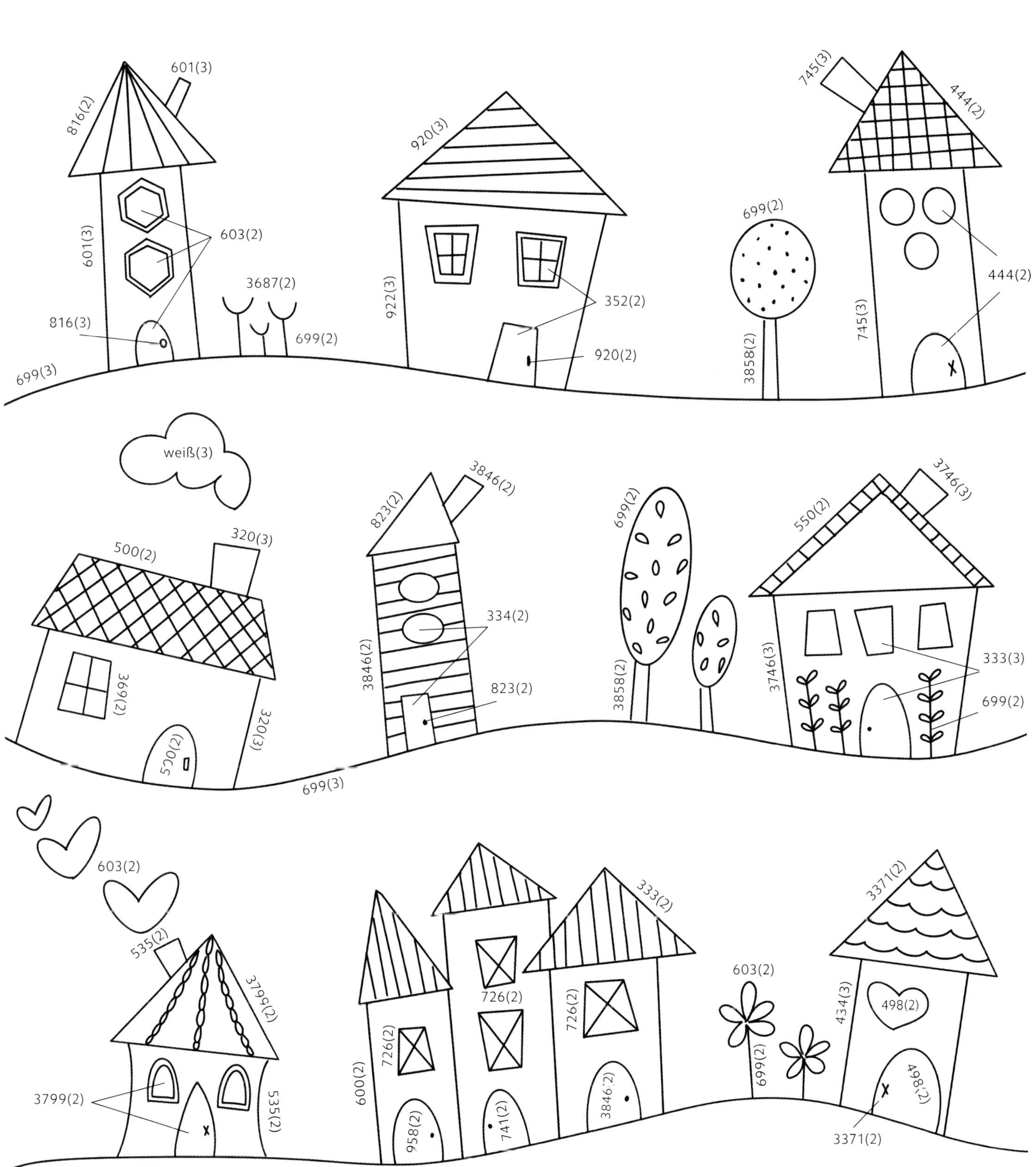
601(3)
816(2)
601(3)
603(2)
816(3)
3687(2)
699(2)
699(3)
920(3)
922(3)
352(2)
920(2)
745(3)
444(2)
699(2)
444(2)
745(3)
3858(2)
weiß(3)
500(2)
320(3)
369(2)
320(3)
520(2)
699(3)
3846(2)
823(2)
334(2)
3846(2)
823(2)
699(2)
3858(2)
550(2)
3746(3)
3746(3)
333(3)
699(2)
603(2)
535(2)
3799(2)
3799(2)
535(2)
699(3)
333(2)
726(2)
726(2)
726(2)
600(2)
958(2)
741(2)
3846(2)
603(2)
699(2)
3371(2)
434(3)
498(2)
498(2)
3371(2)

Stadtleben

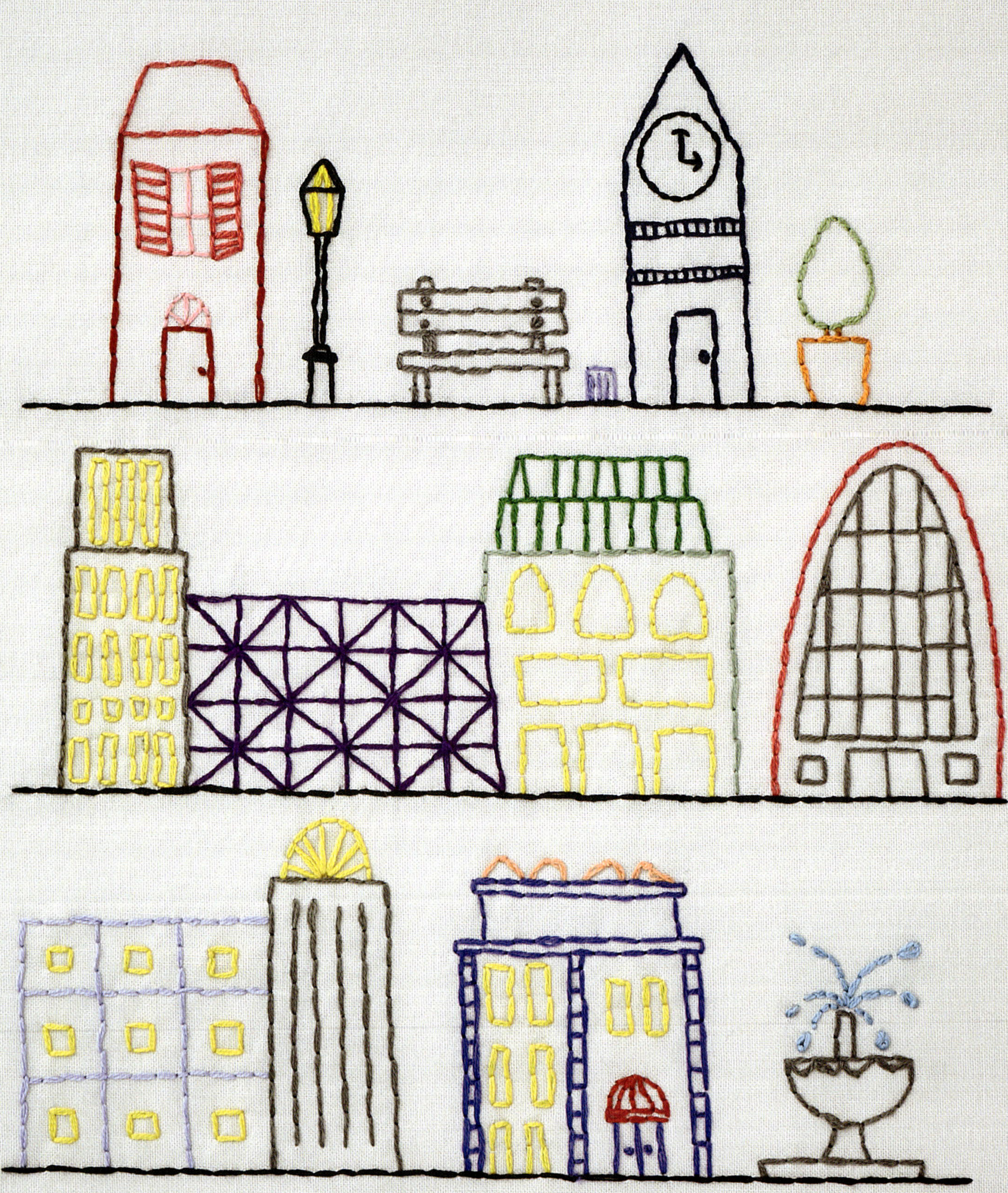

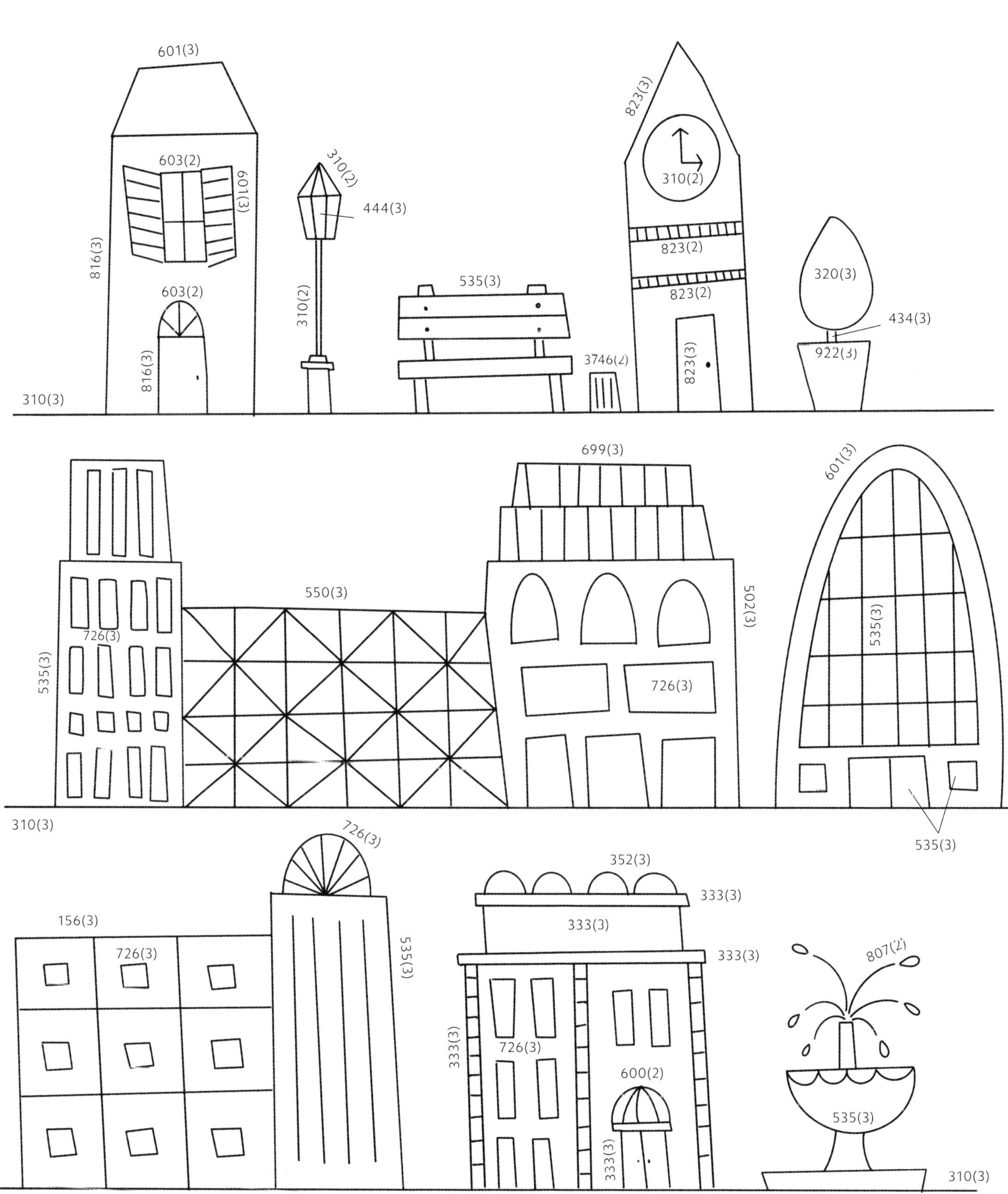
601(3)
603(2)
601(3)
816(3)
603(2)
816(3)
310(3)
310(2)
444(3)
310(2)
535(3)
3746(2)
823(3)
310(2)
823(2)
823(2)
823(3)
320(3)
434(3)
922(3)
699(3)
601(3)
550(3)
726(3)
535(3)
502(3)
726(3)
535(3)
310(3)
535(3)
726(3)
352(3)
333(3)
156(3)
726(3)
535(3)
333(3)
333(3)
807(2)
333(3)
726(3)
600(2)
535(3)
333(3)
310(3)

Auf der Straße

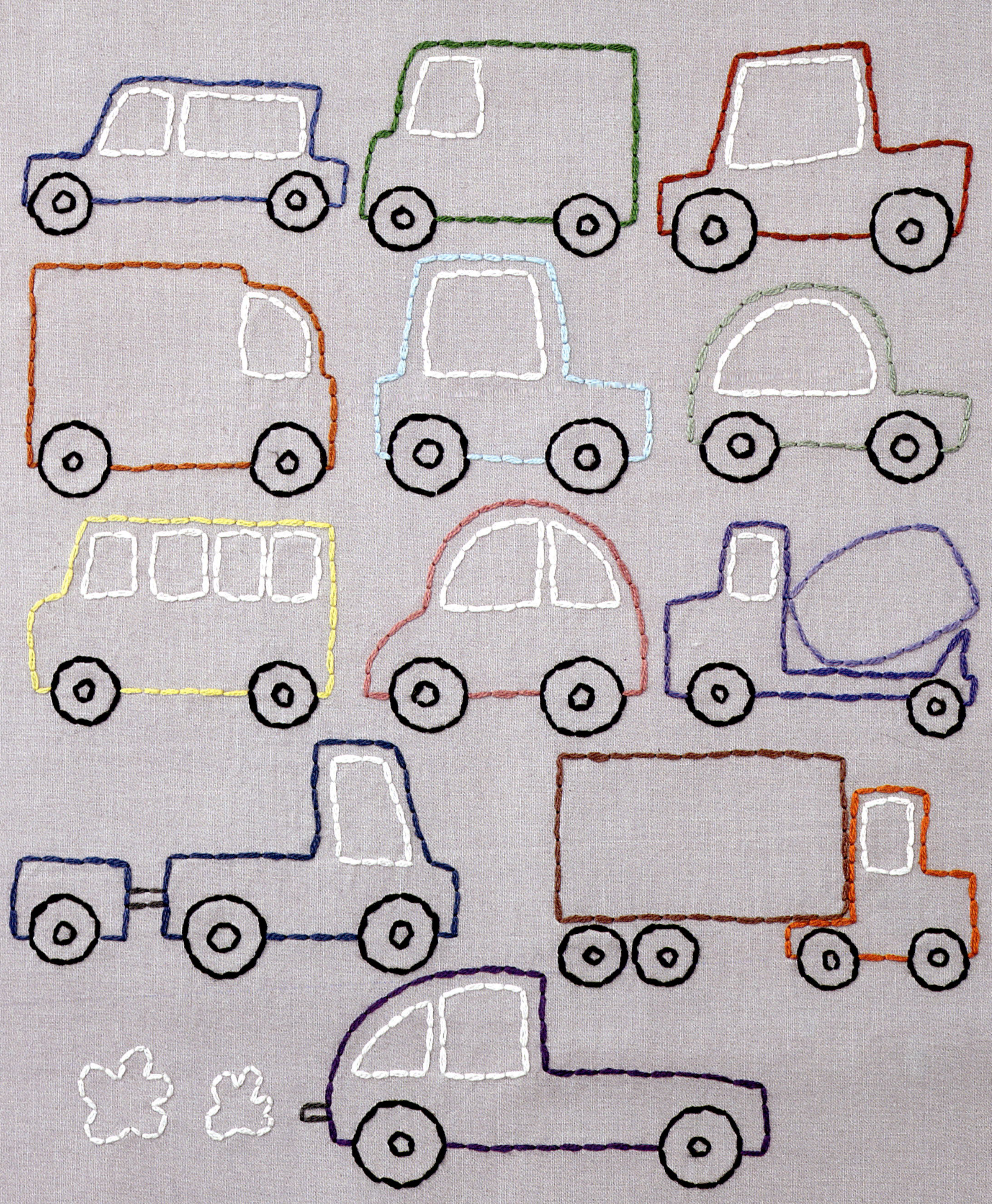

Alle Reifen 310(3)
alle Fenster weiß(3)

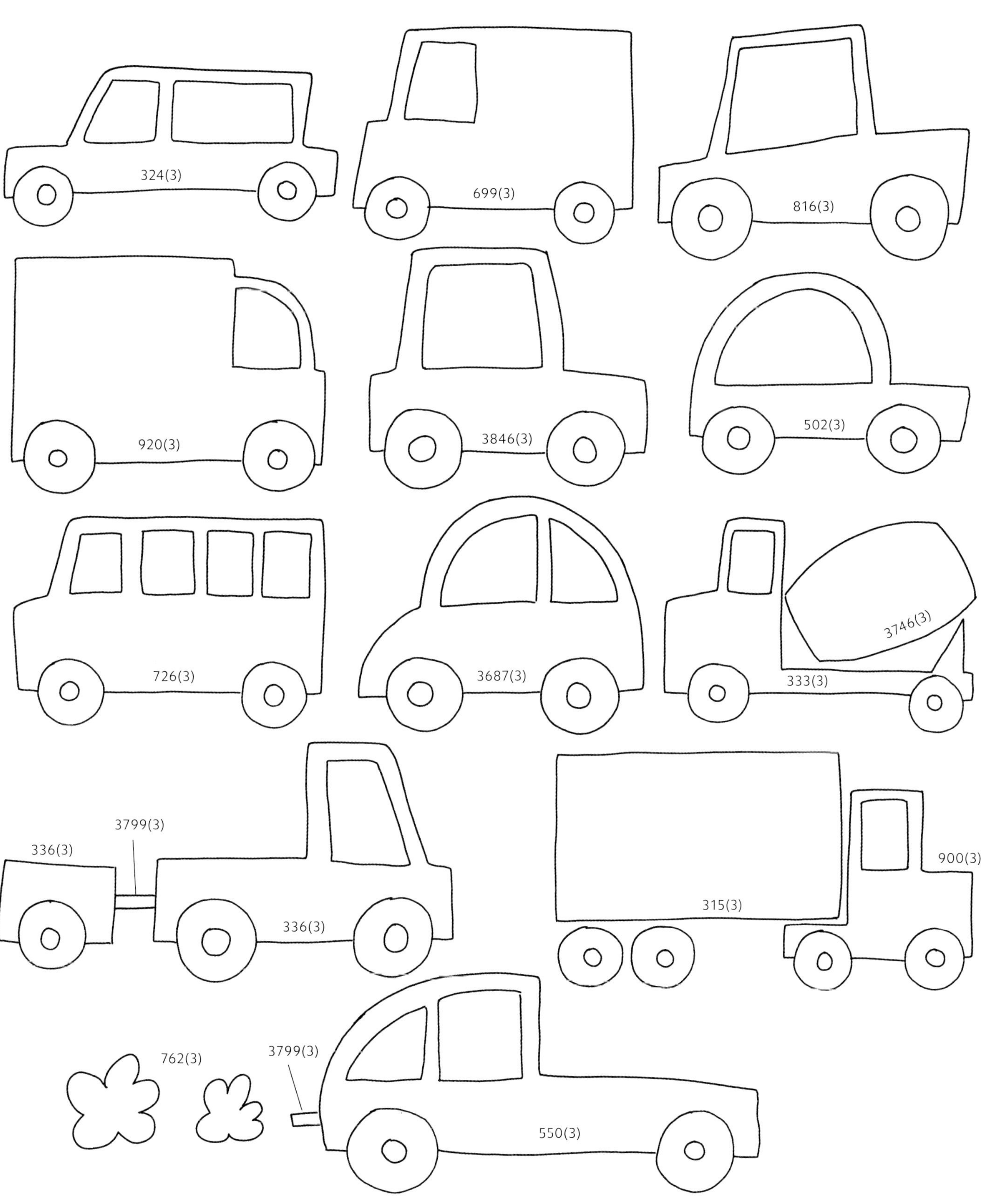

Alles in Bewegung

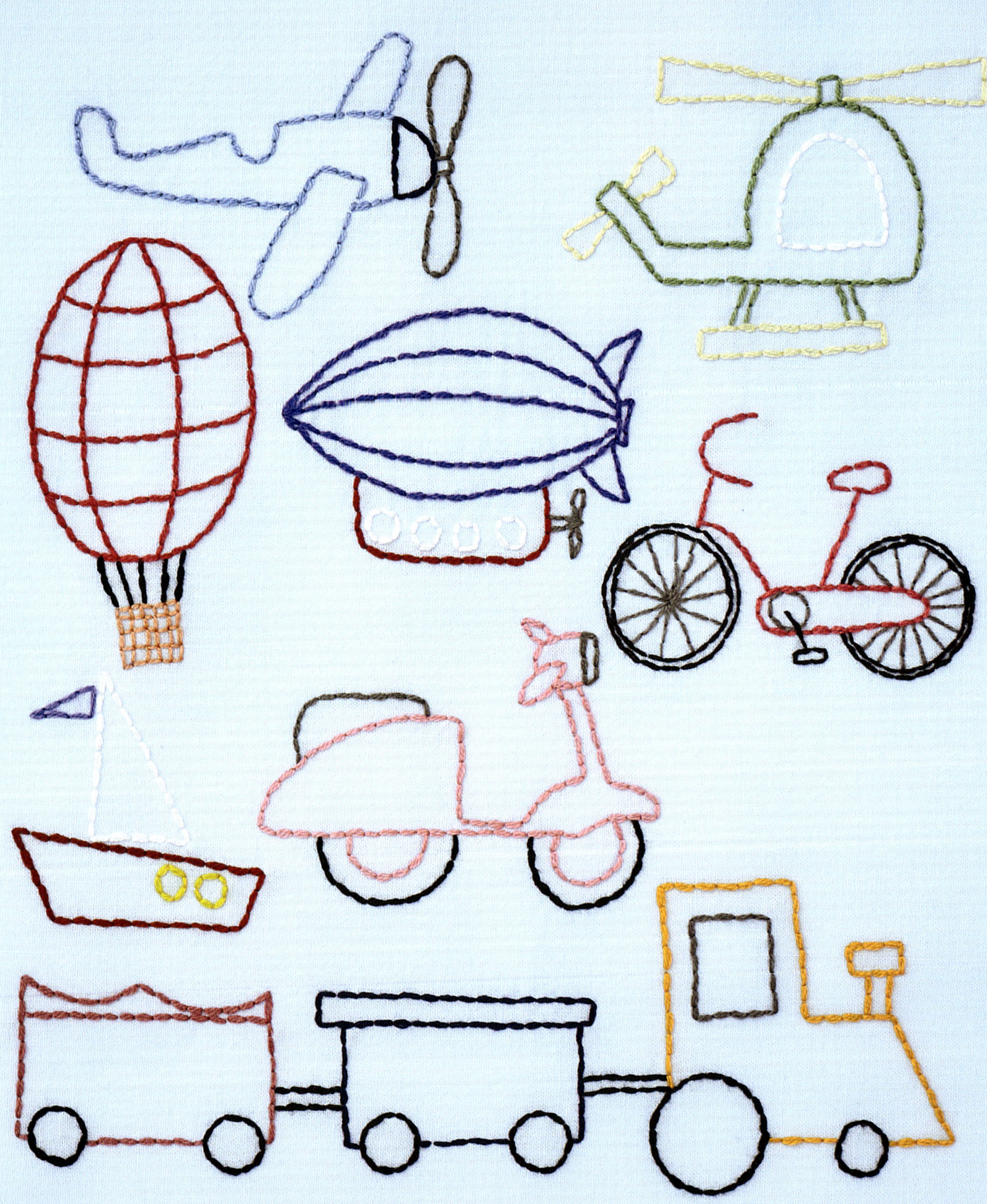

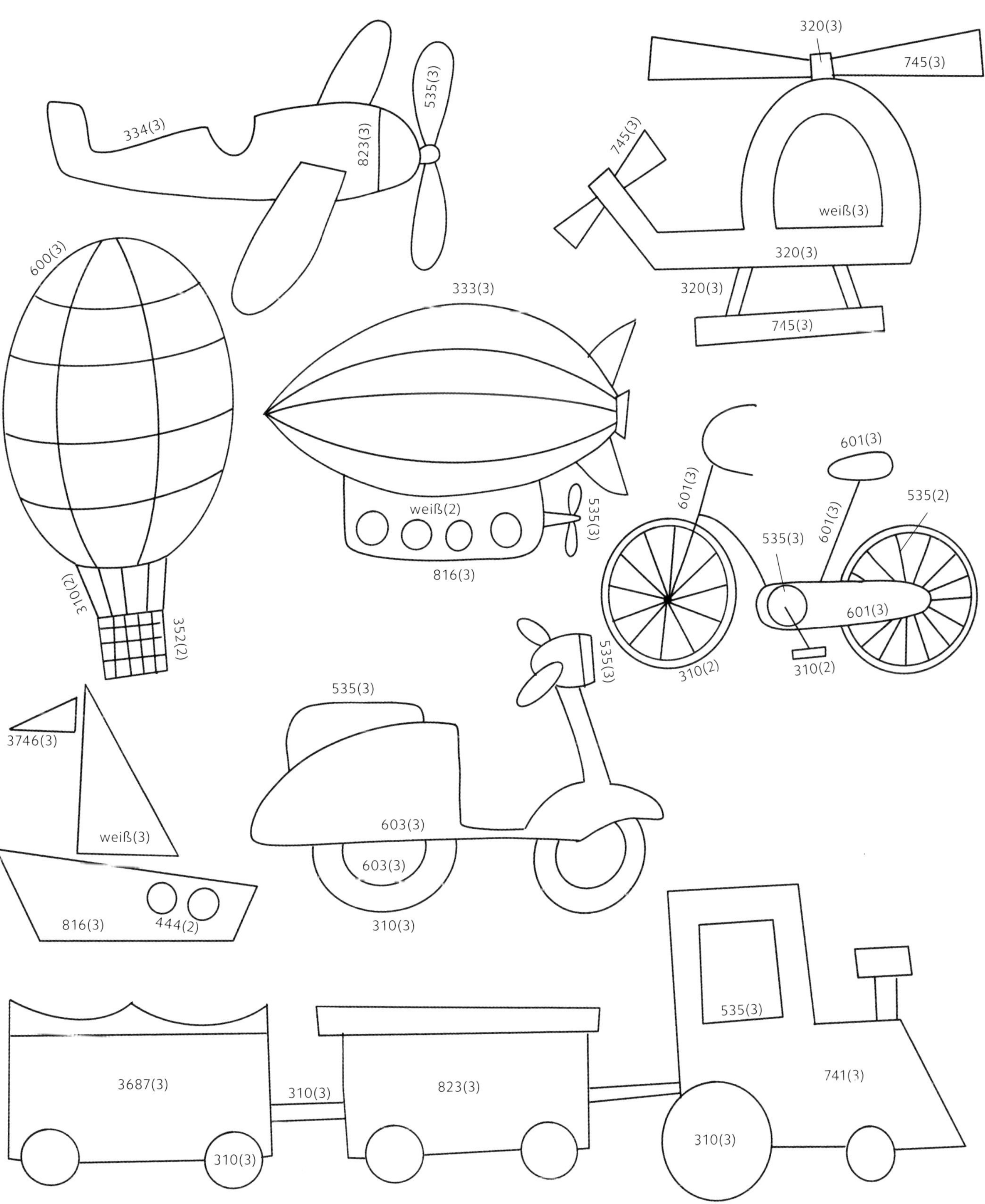

334(3)
823(3)
535(3)
320(3)
745(3)
745(3)
weiß(3)
320(3)
320(3)
745(3)
600(3)
333(3)
weiß(2)
535(3)
816(3)
310(2)
352(2)
601(3)
601(3)
601(3)
535(2)
535(3)
601(3)
310(2)
310(2)
535(3)
535(3)
3746(3)
weiß(3)
603(3)
603(3)
816(3)
444(2)
310(3)
535(3)
741(3)
3687(3)
310(3)
823(3)
310(3)
310(3)

Für die Schule

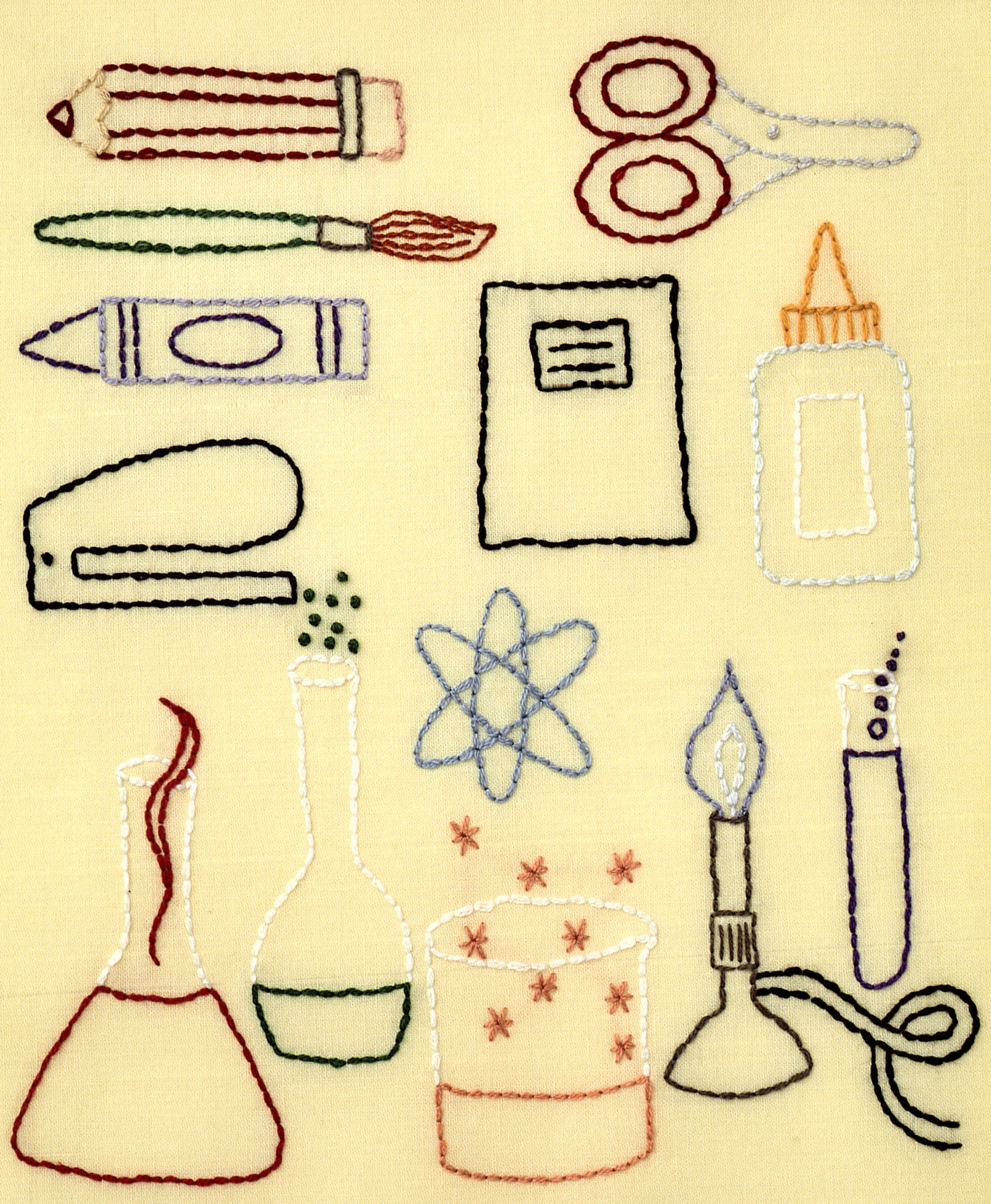

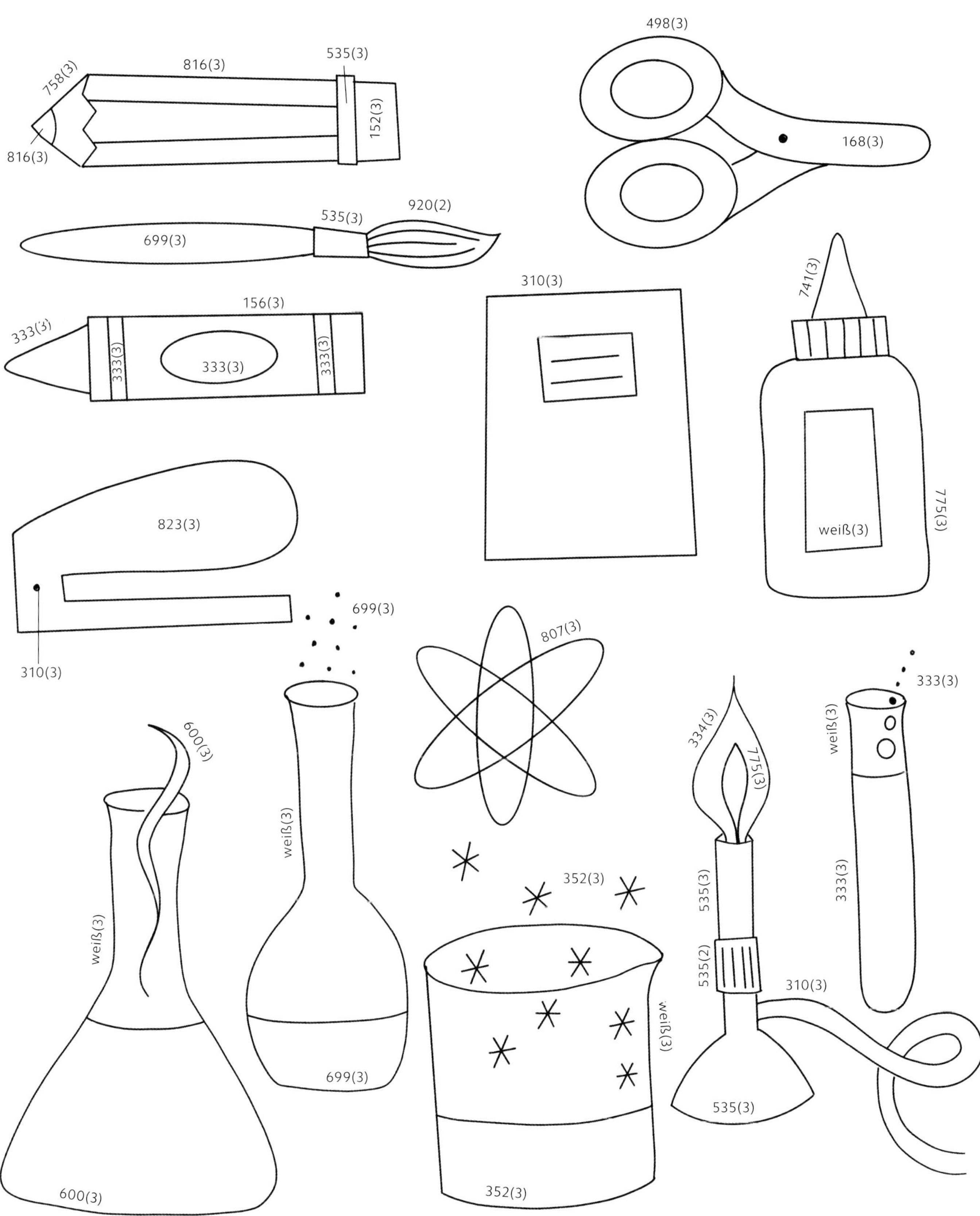
758(3)
816(3)
535(3)
152(3)
816(3)
498(3)
168(3)
920(2)
535(3)
699(3)
156(3)
333(3)
333(3)
333(3)
333(3)
310(3)
741(3)
823(3)
775(3)
weiß(3)
310(3)
699(3)
807(3)
333(3)
600(3)
weiß(3)
334(3)
775(3)
weiß(3)
weiß(3)
535(3)
352(3)
535(2)
310(3)
333(3)
weiß(3)
699(3)
535(3)
600(3)
352(3)

Lasst uns kochen!

333(3)
922(3)
310(3)
535(3)
310(3)
3799(3)
535(3)
535(3)
334(3)
498(3)
535(3)
434(3)
3045(3)
535(3)
535(3)
535(3)
502(3)
958(3)
601(3)
699(3)
3820(3)
502(3)
600(3)
603(3)
603(3)
3846(3)
168(3)
168(3)
535(3)
156(3)

Süßigkeiten

745(3)
3858(2)
3820(3)
603(3)
3858(3)
3820
(3)
603(3)
550(3)
333(3)
3032(2)
weiß(3)
369(2)
699(3)
726(3)
498(3)
726(3)
434(3)
3746(3)
550(2)
3746(3)
3820(3)
3820(3)
601(3)
3032(3)
168(3)
738(3)
807(3)
498(3)
3820(3)
444(3)
3032(3)
600(3)
333(3)
699(3)

Cocktailstunde

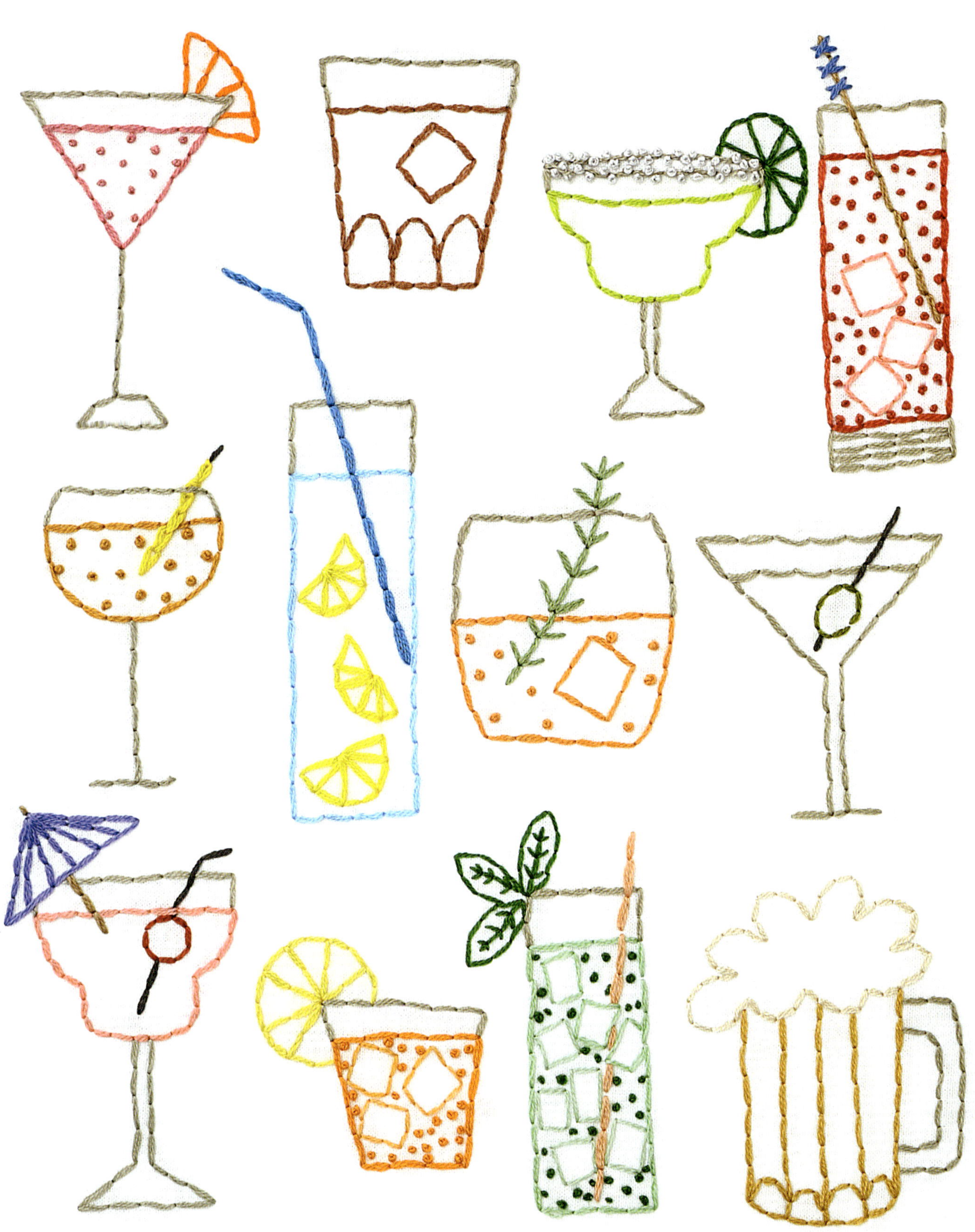

Alle Gläser 3895(3)

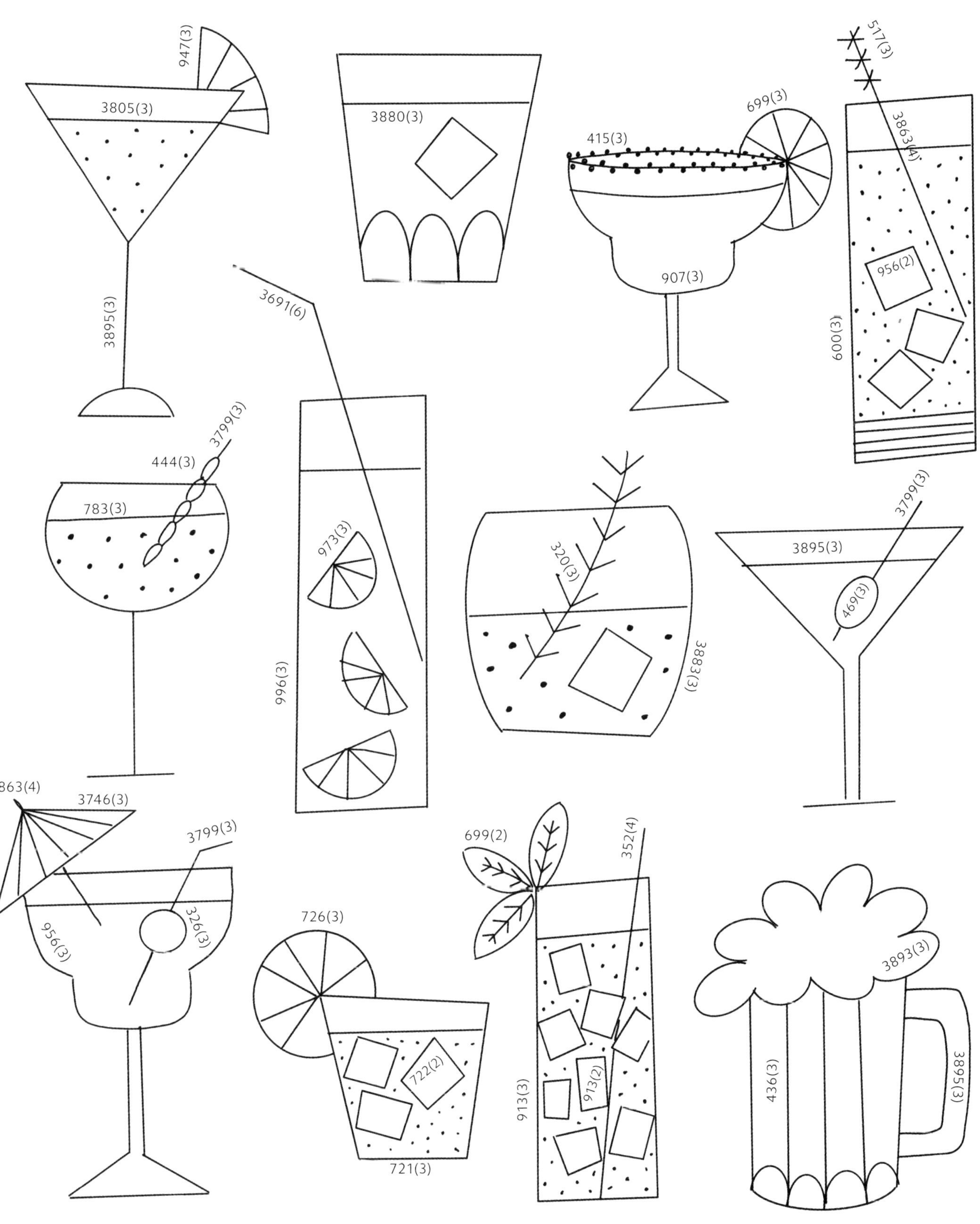

Waschtag

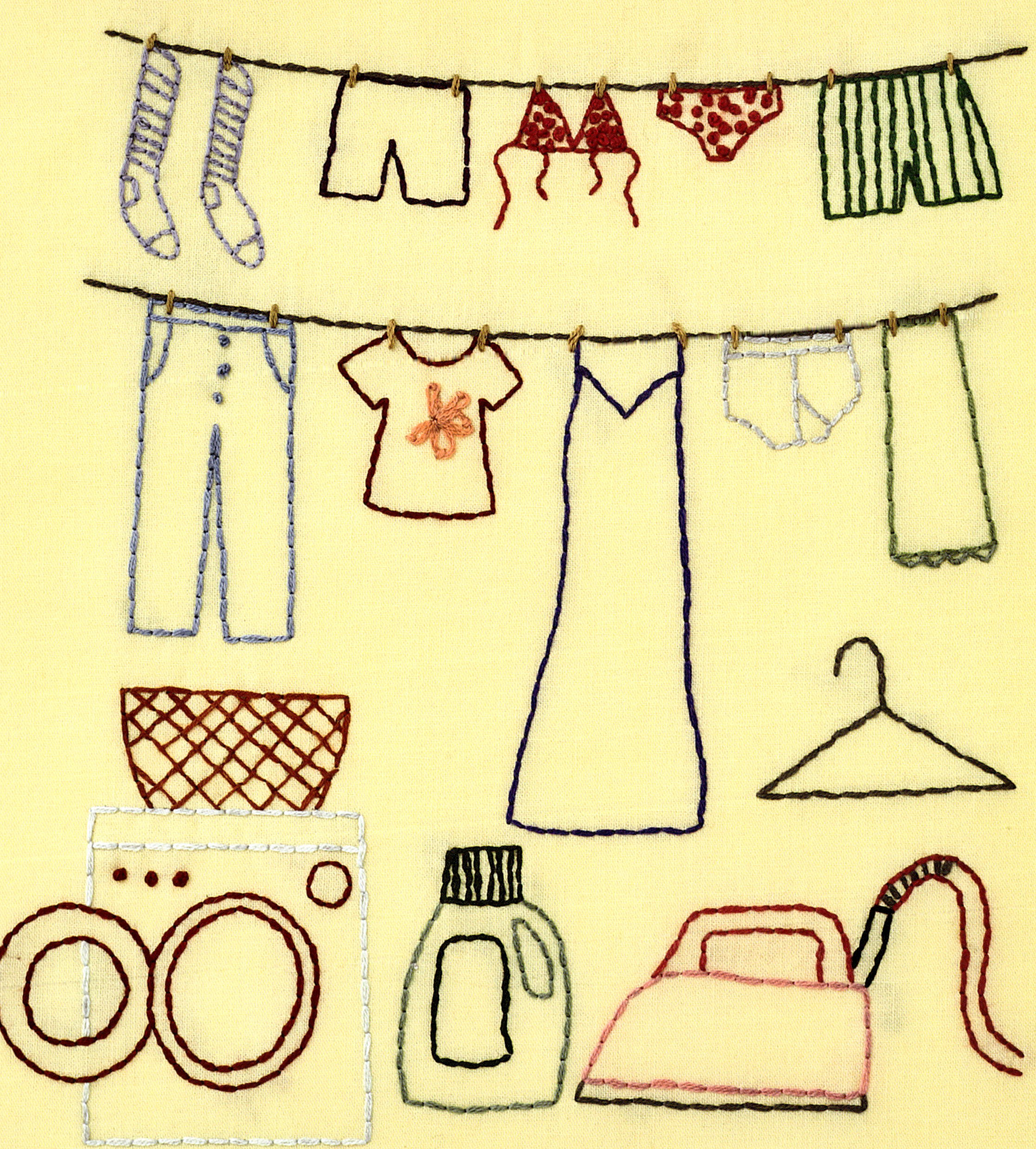

Alle Wäscheklammern 3045(3)

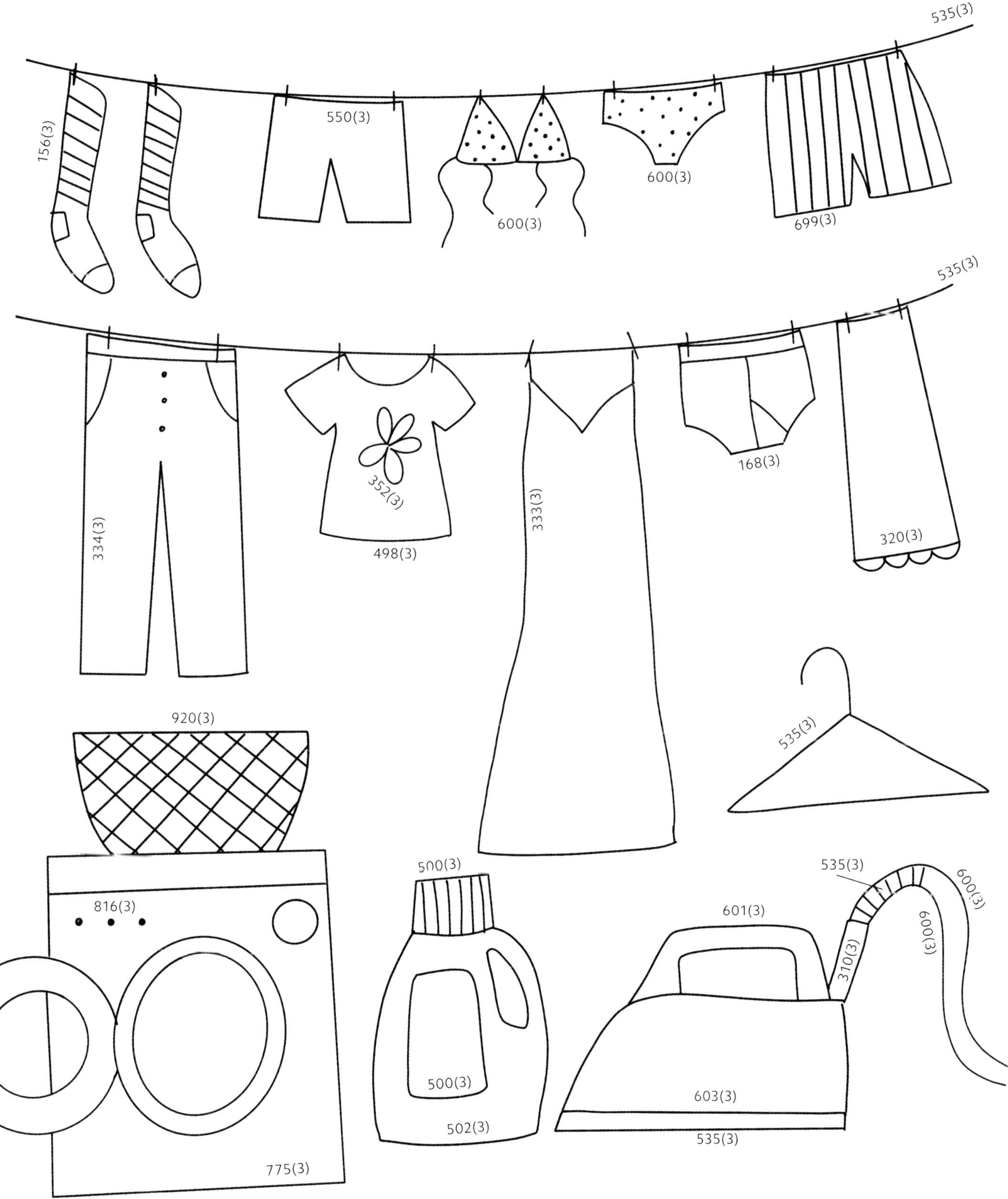

Werkzeug

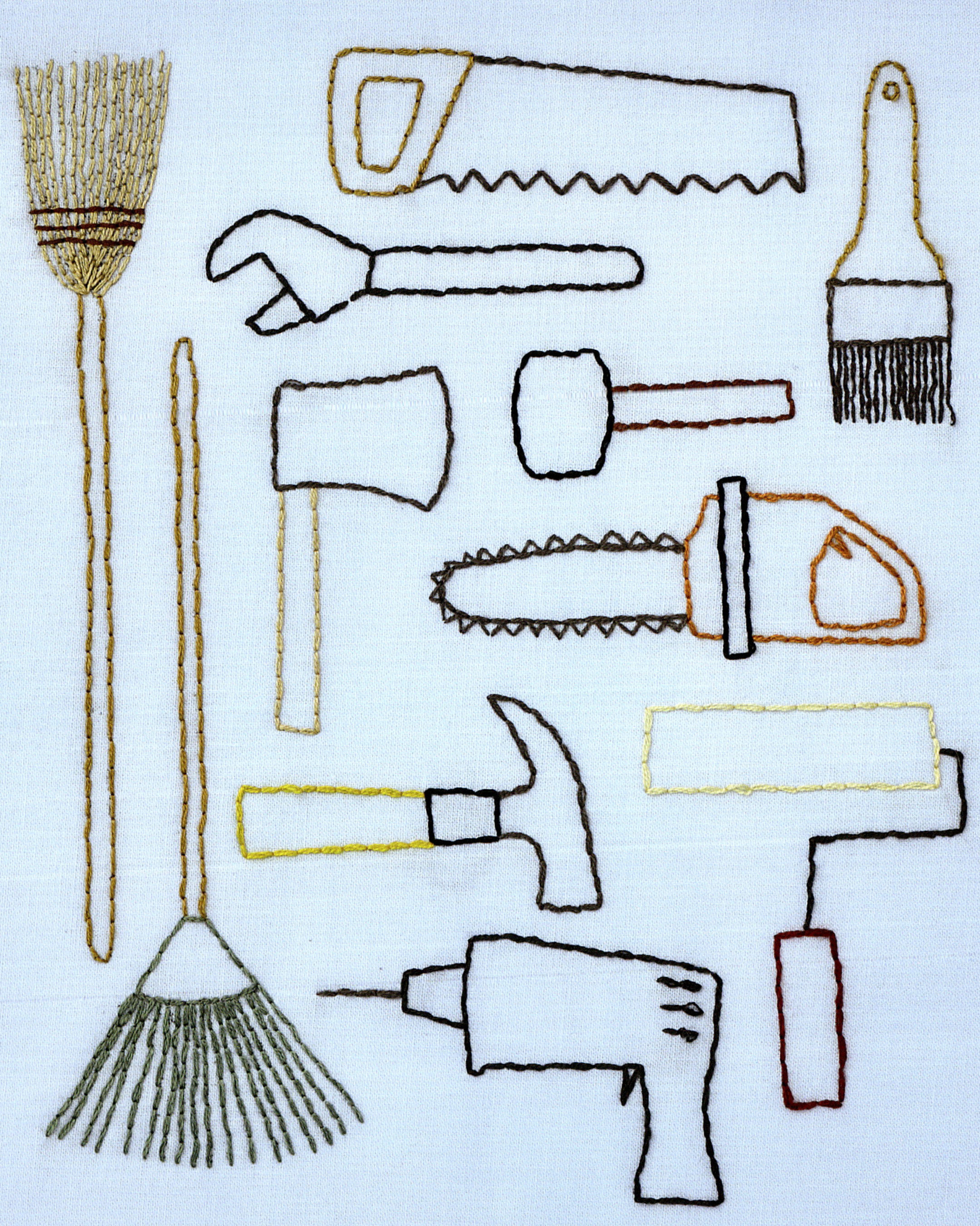

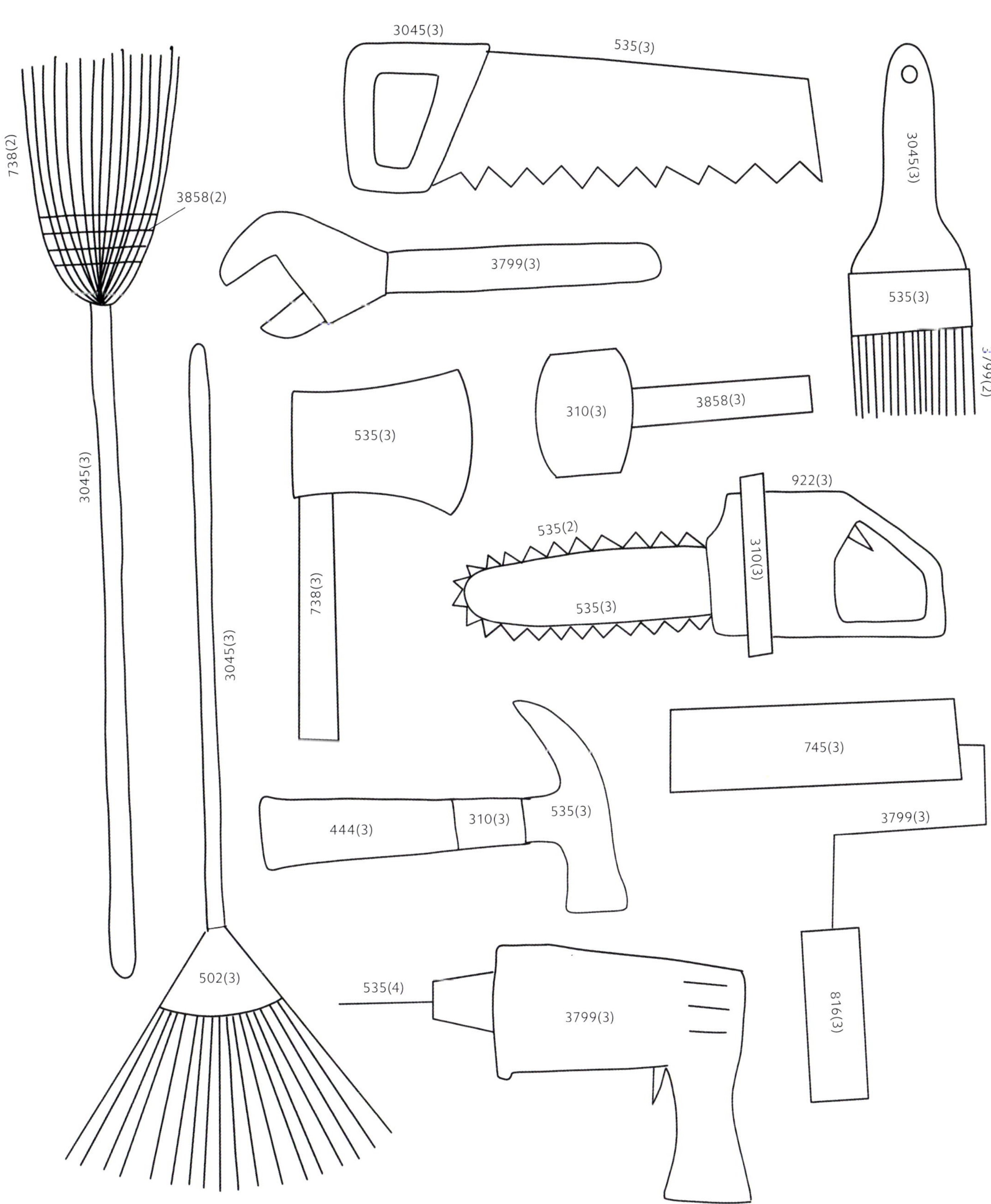
3045(3)
535(3)
738(2)
3858(2)
3799(3)
3045(3)
535(3)
3799(2)
535(3)
310(3)
3858(3)
3045(3)
3045(3)
738(3)
922(3)
535(2)
310(3)
535(3)
745(3)
444(3)
310(3)
535(3)
3799(3)
502(3)
535(4)
3799(3)
816(3)

Spielsachen

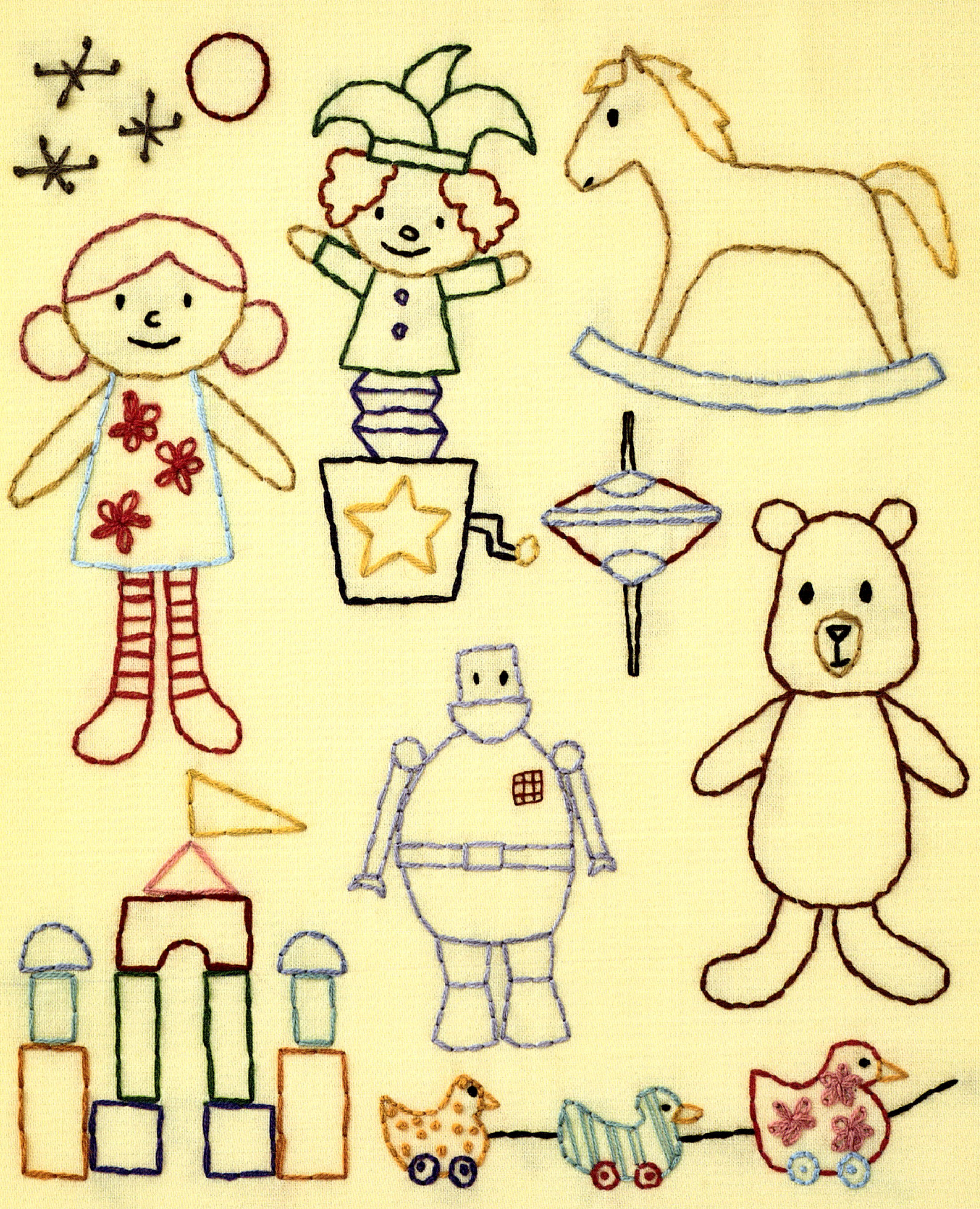

Alle Augen, Nasen und Münder 310(2)

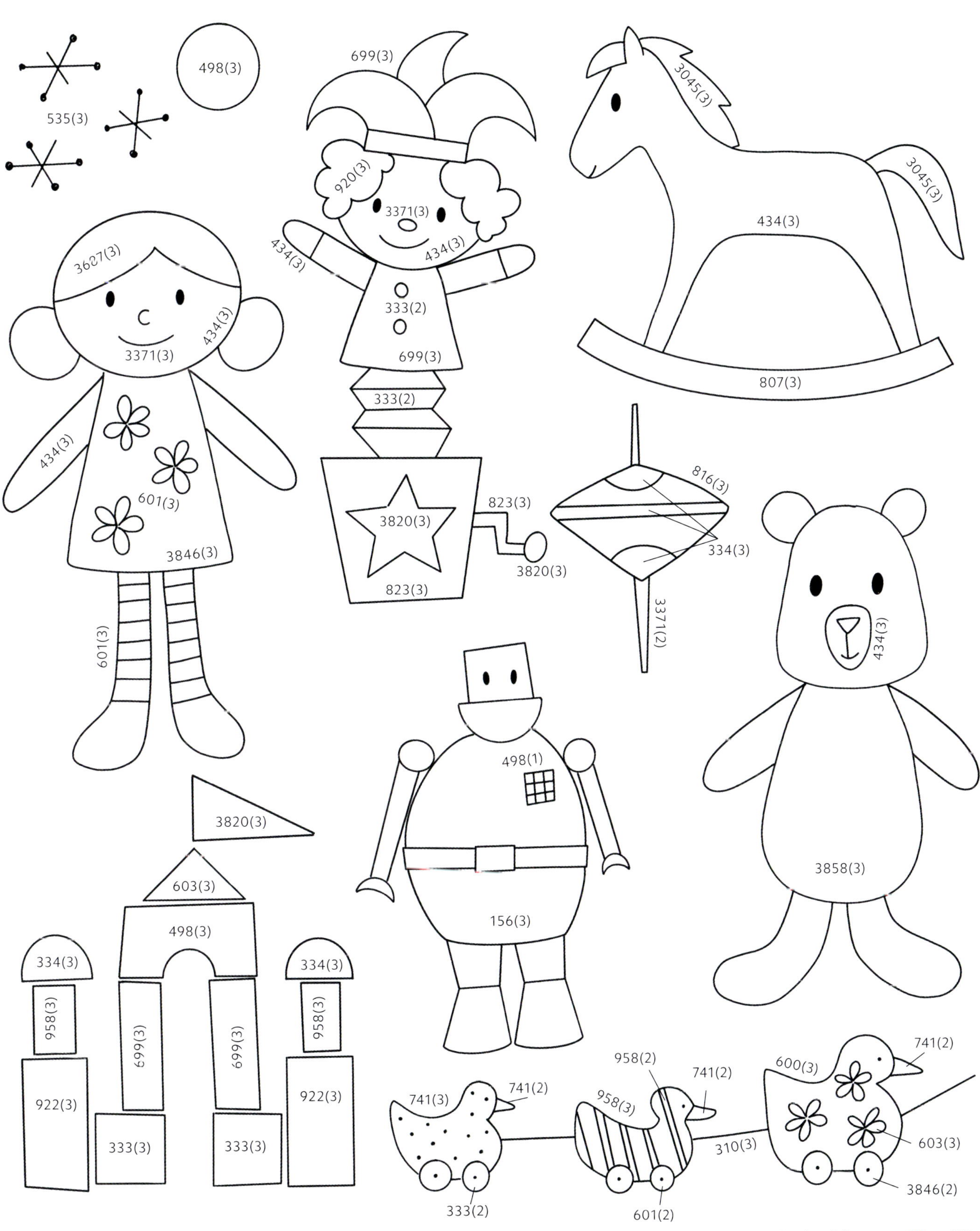

Im Märchenkönigreich

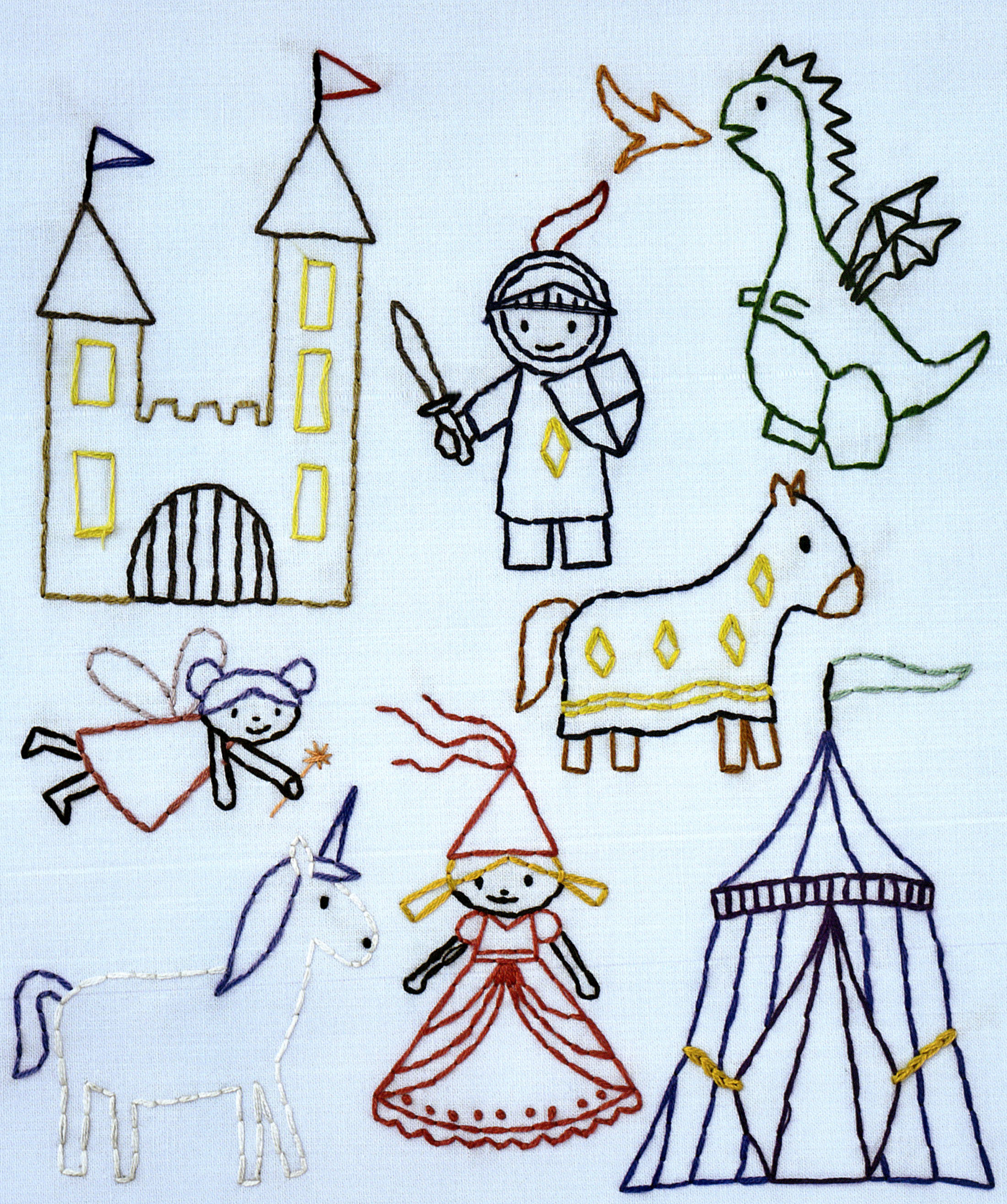

Alle Augen 310(2)

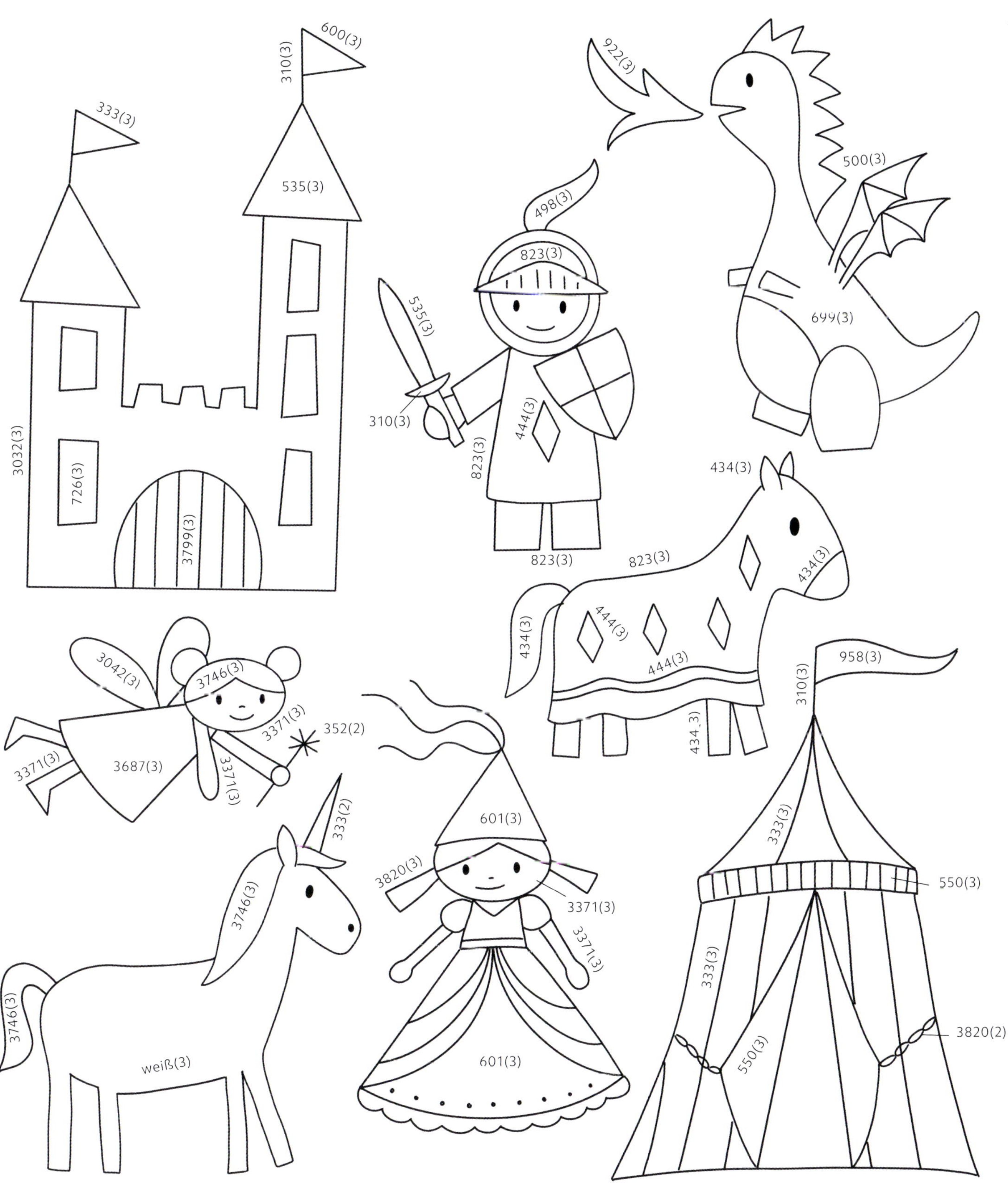

Land der Fantasie

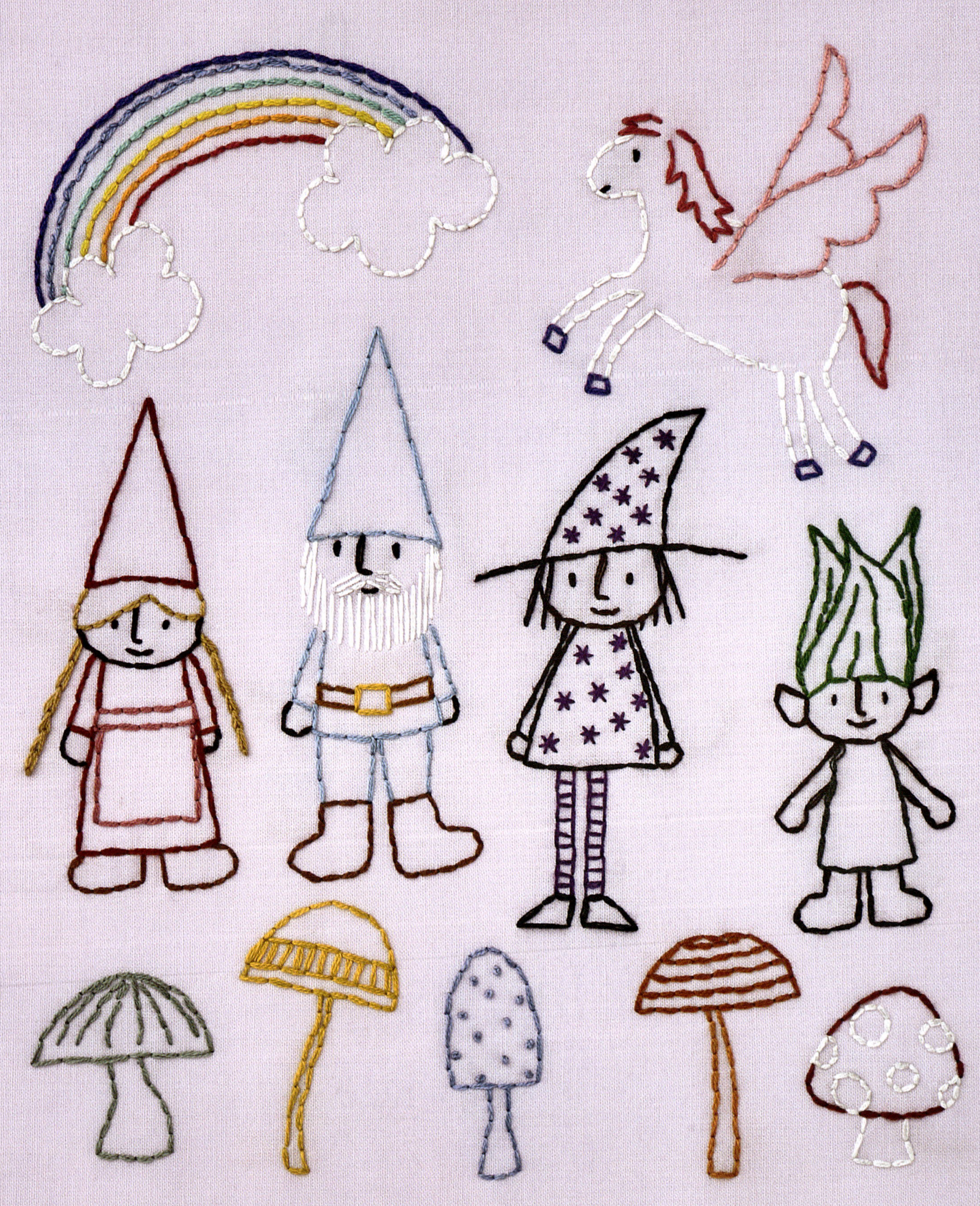

Alle Gesichter, Hände und Arme 3371(3)
Alle Augen 310(2)

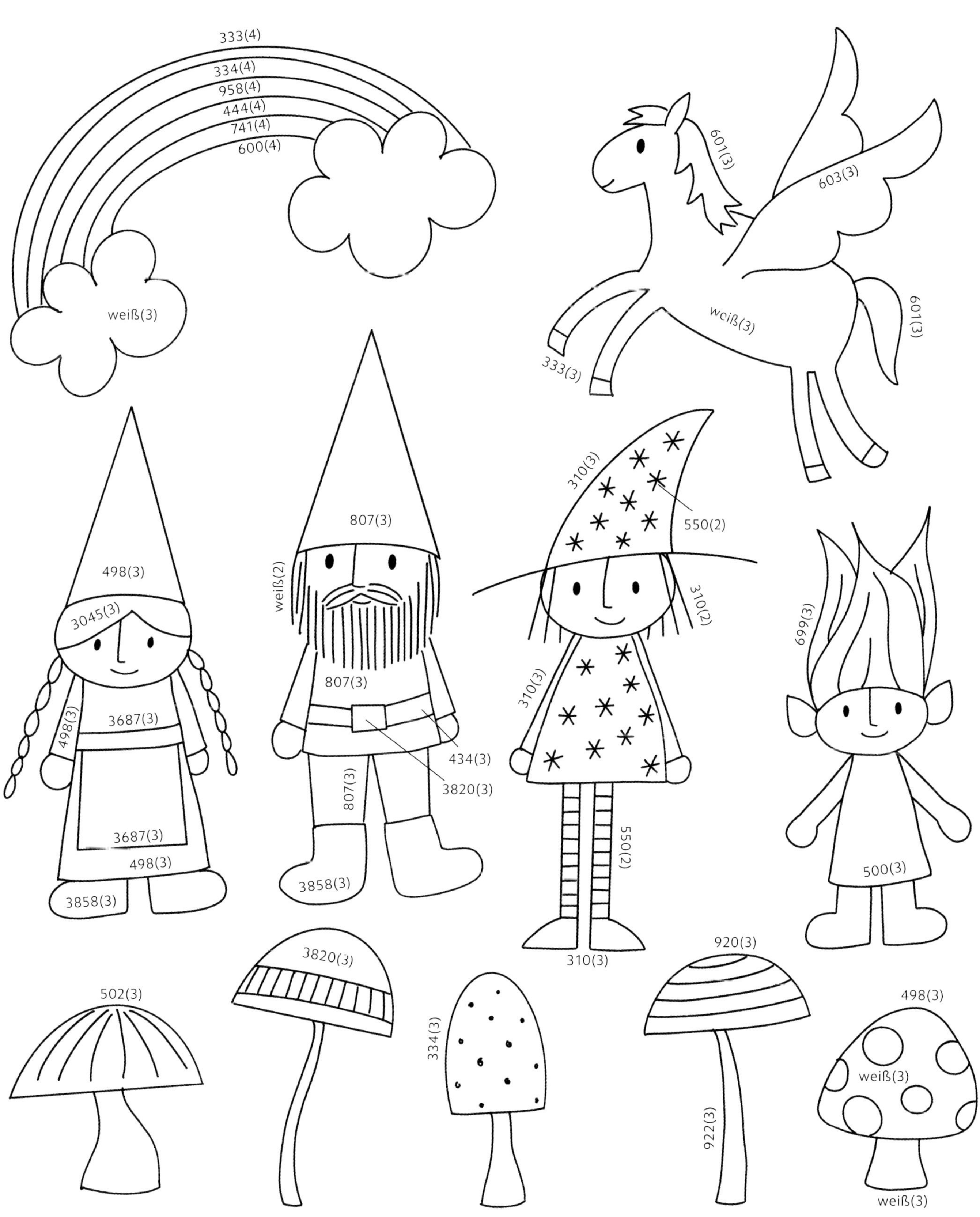

Im Weltall

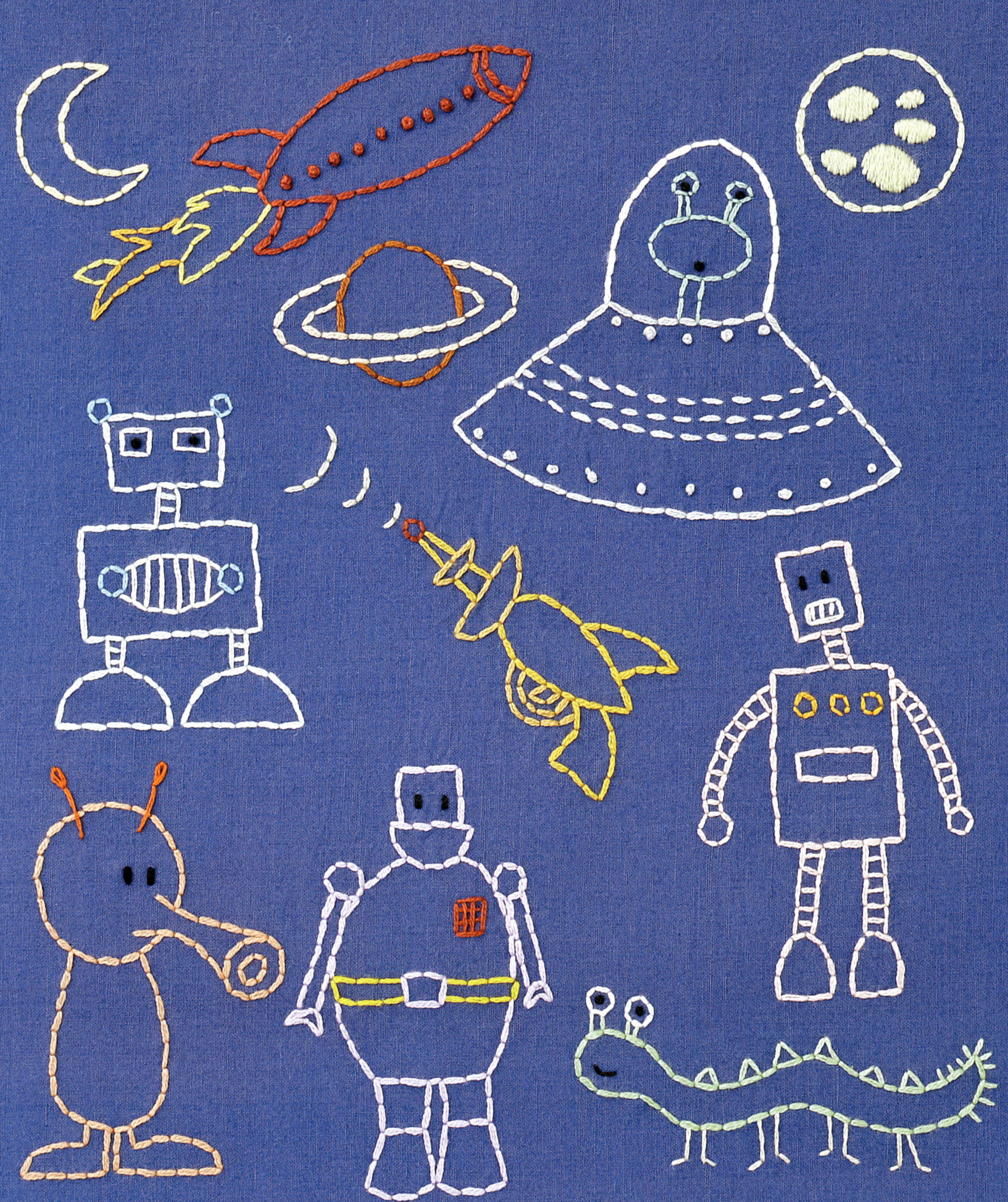

Alle Augen, Nasen und Münder 310(2)

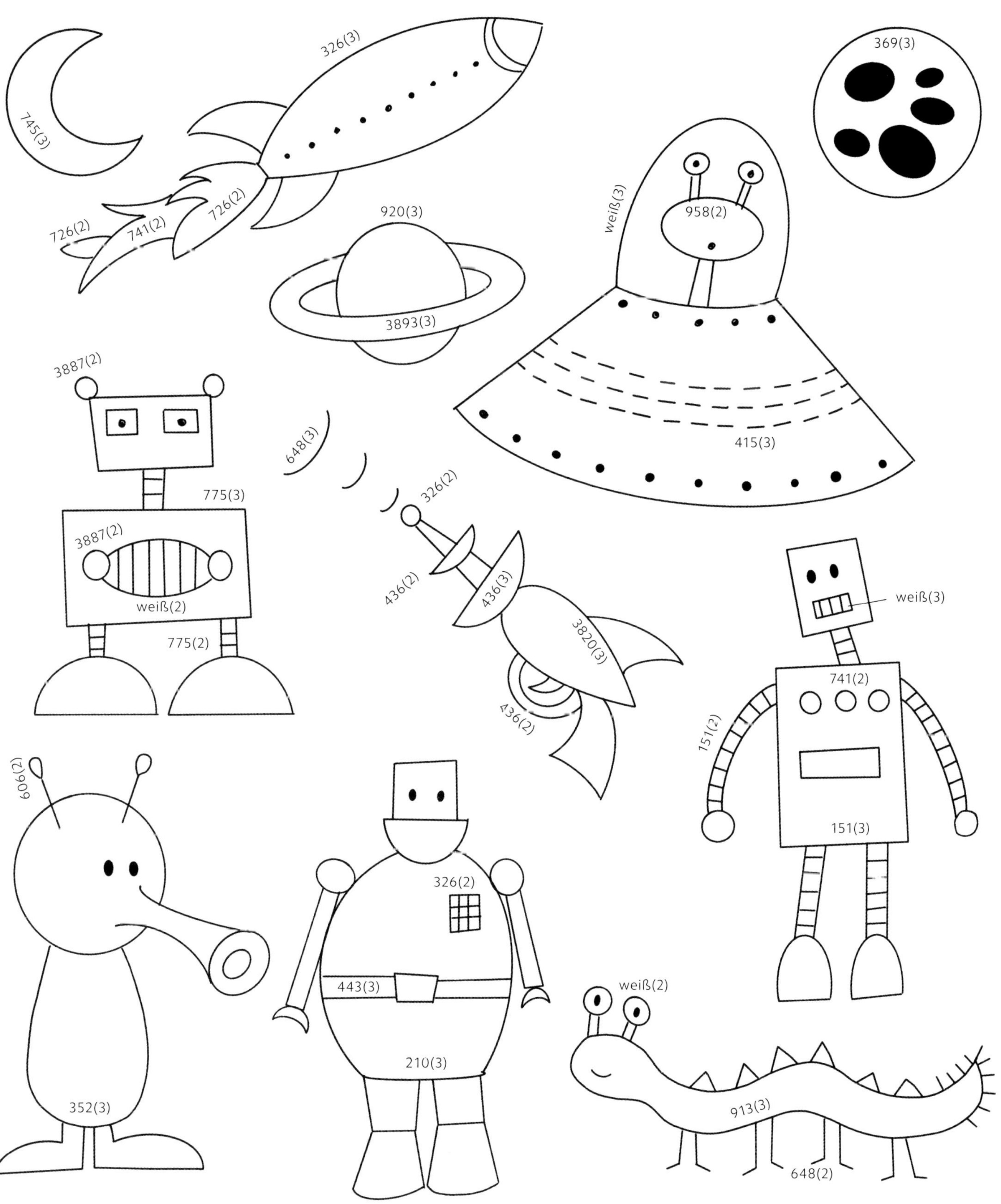

Piratenleben

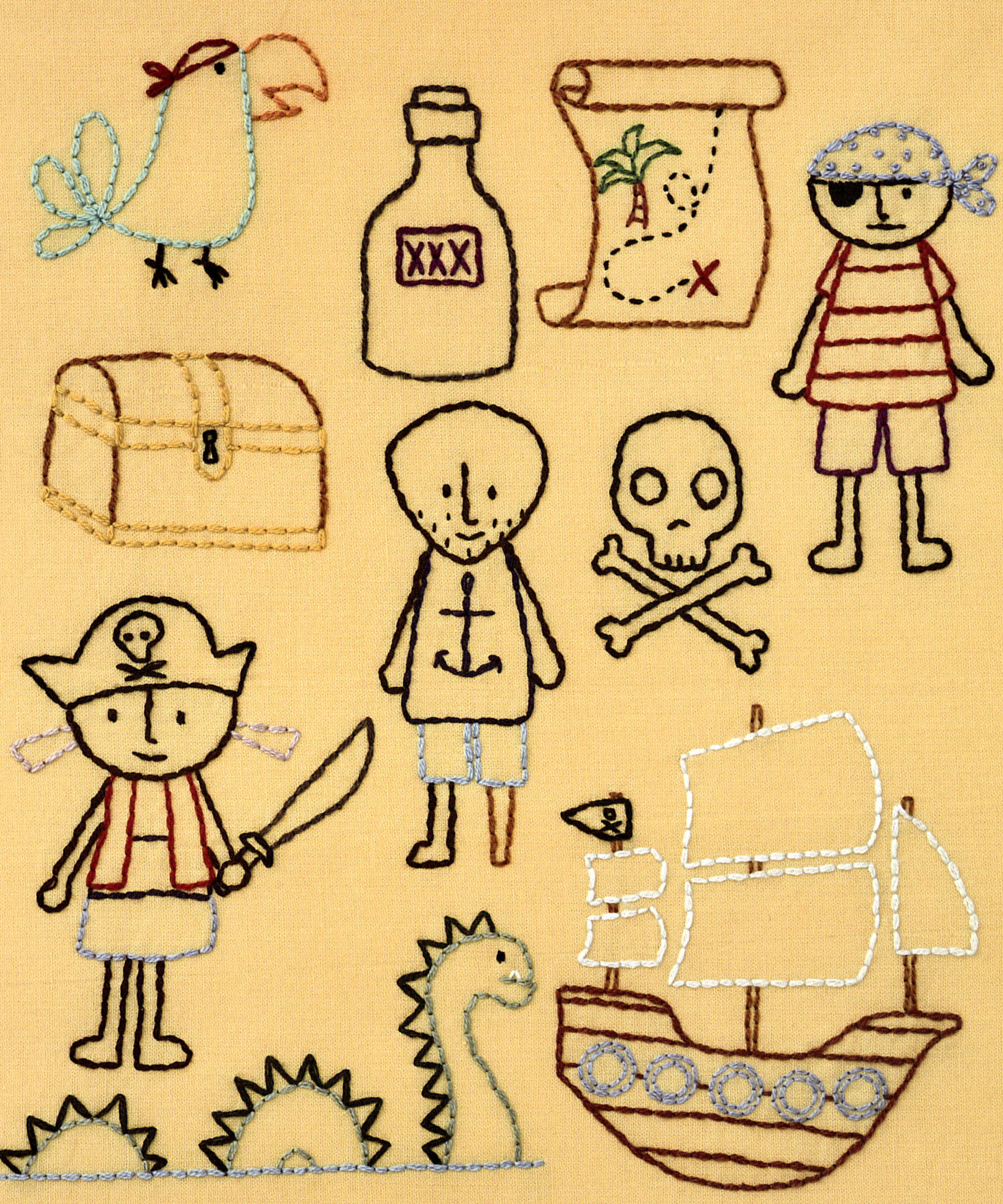

Alle Gesichter 3371(3)
alle Augen 310(2)

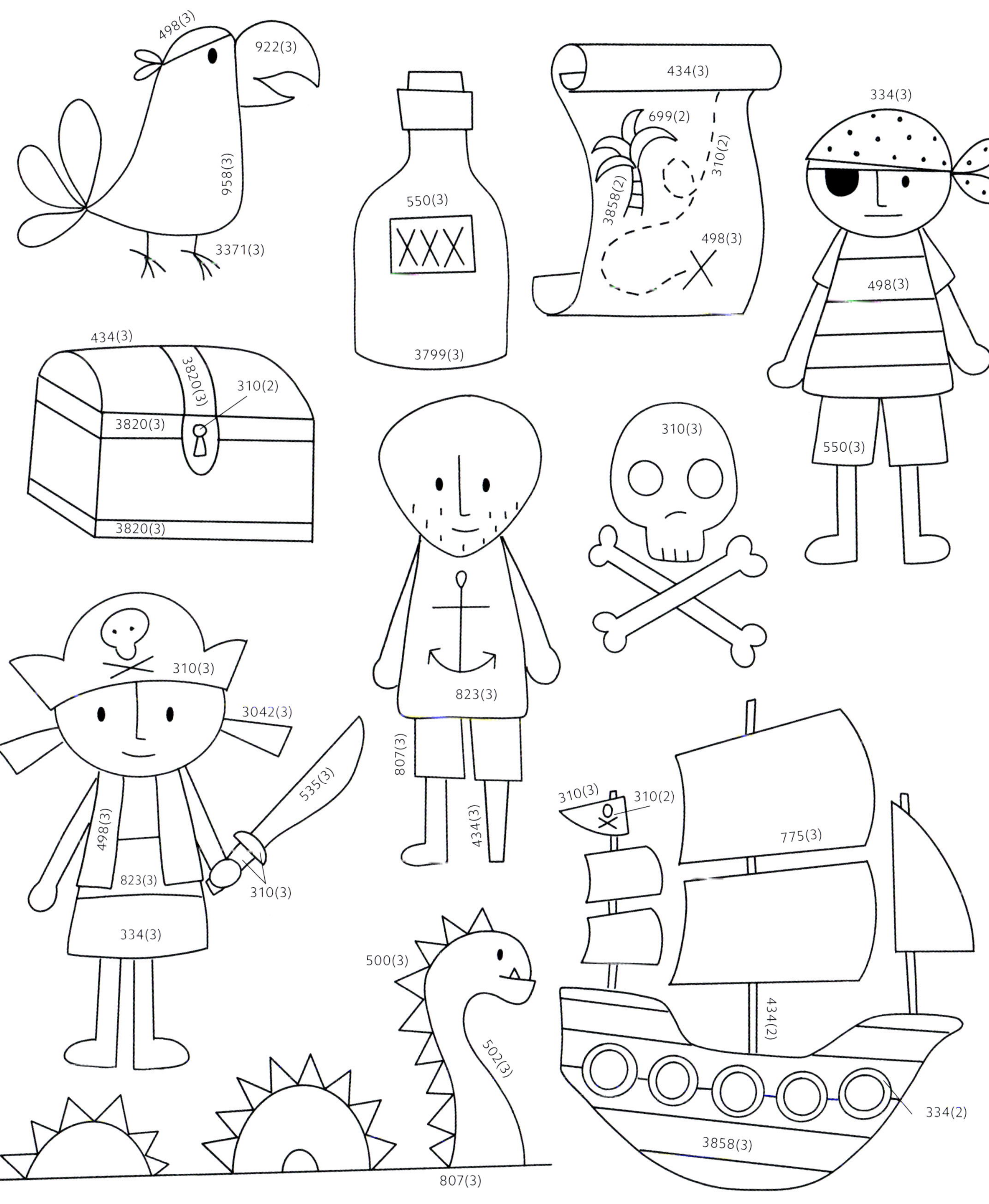

Monsterstunde

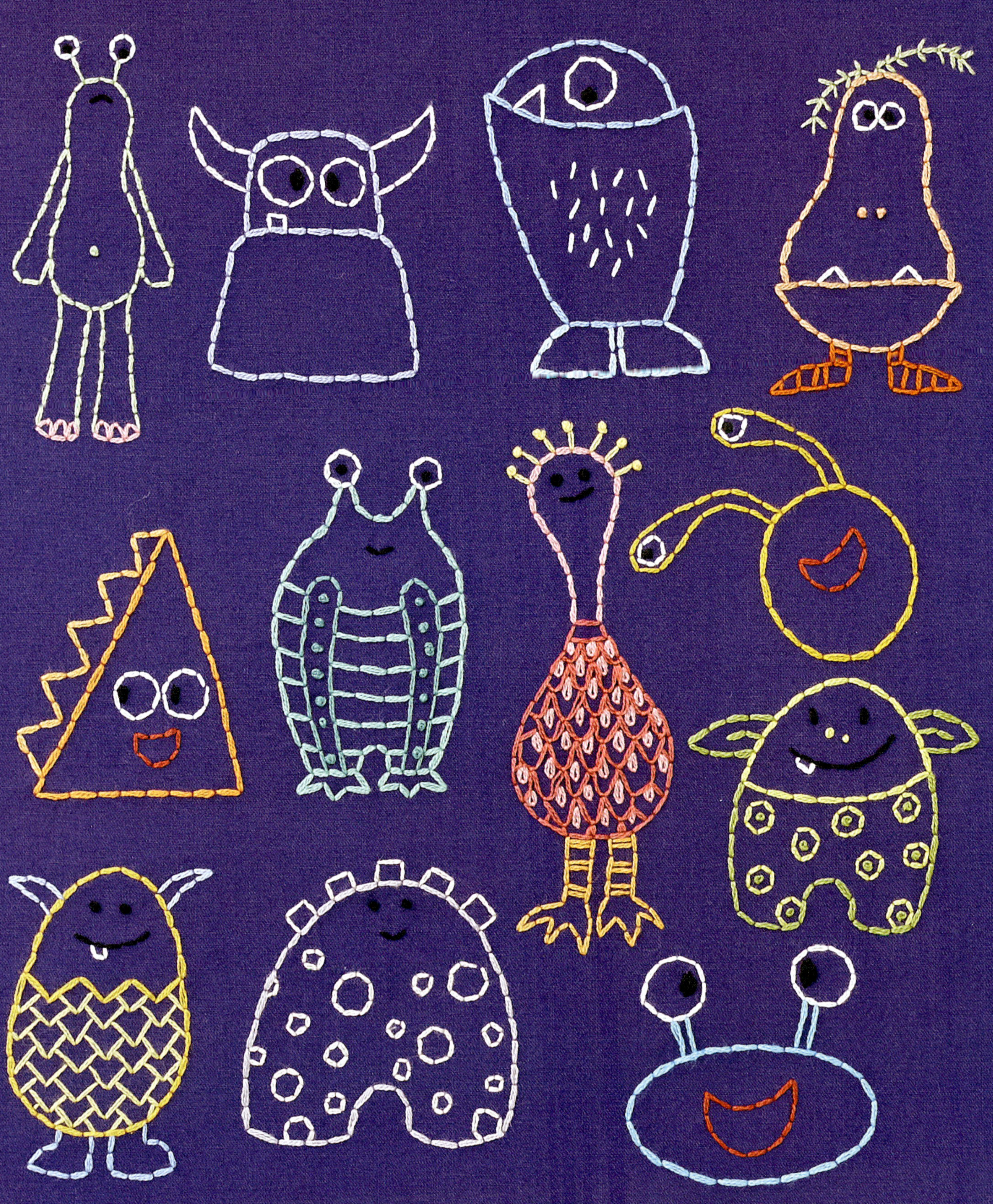

Alle Augen und Zähne weiß(2)
Pupillen und Münder 310(2)

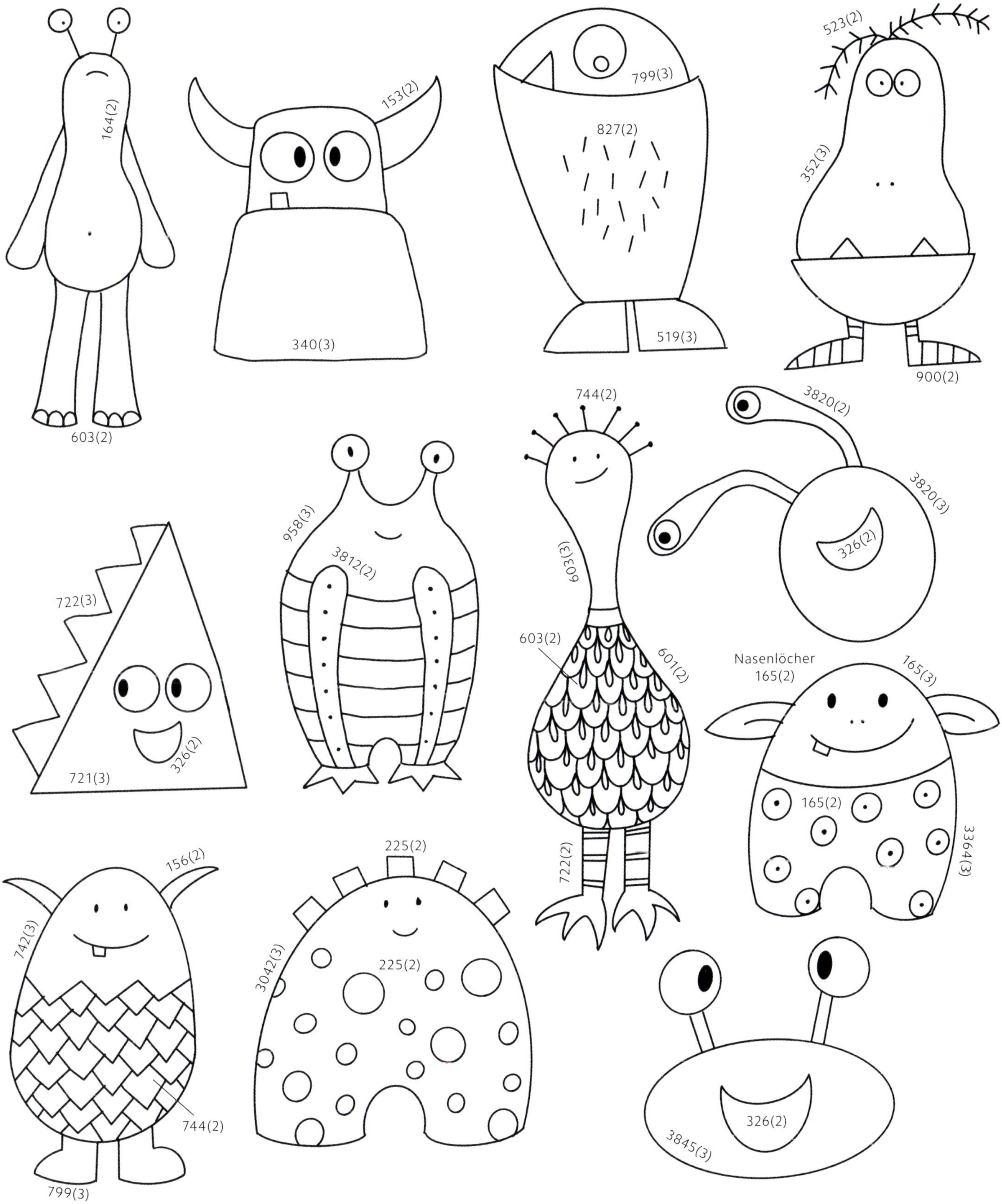

164(2)
603(2)
153(2)
340(3)
799(3)
827(2)
519(3)
523(2)
352(3)
900(2)
744(2)
3820(2)
3820(3)
326(2)
958(3)
3812(2)
722(3)
721(3)
326(2)
603(3)
603(2)
601(2)
722(2)
Nasenlöcher
165(2)
165(3)
165(2)
3364(3)
156(2)
742(3)
744(2)
799(3)
225(2)
225(2)
3042(3)
326(2)
3845(3)

Kindergeburtstag

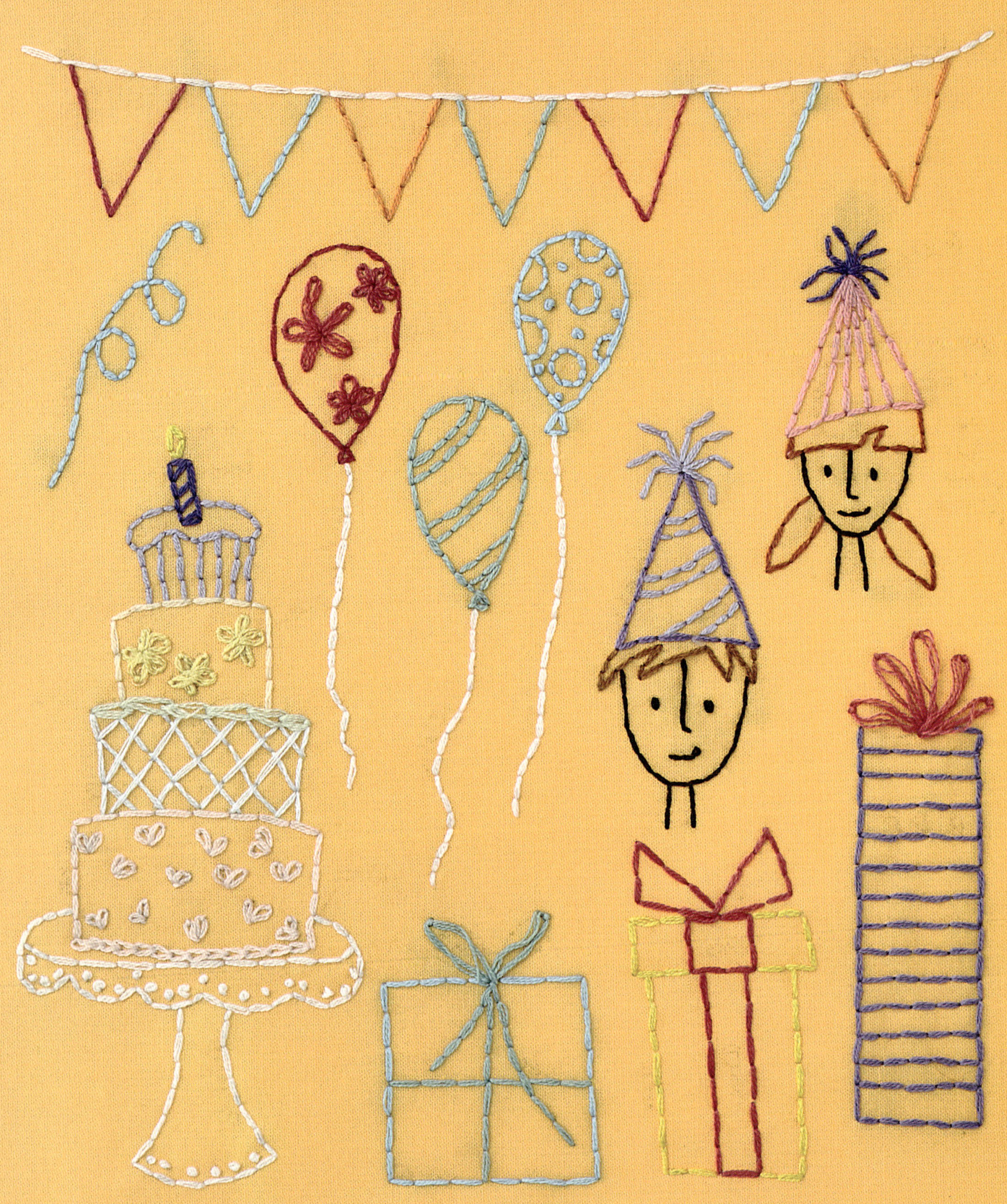

Alle Augen 310(2)
Alle Nasen und Münder 3371(2)

Herzlichen Glückwunsch

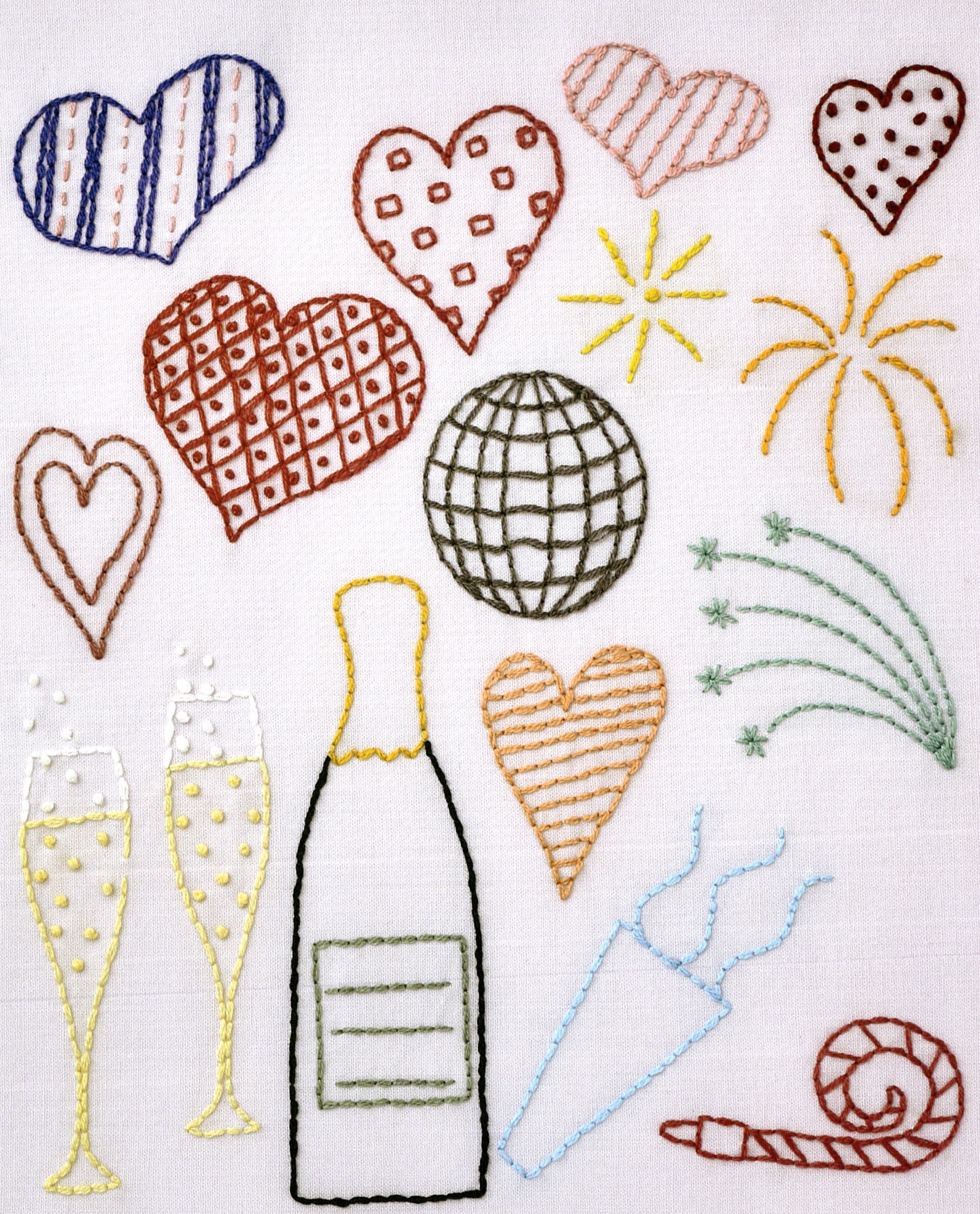

333(3)
603(3)
333(2)
498(3)
601(3)
603(3)
816(3)
600(3)
444(3)
535(3)
741(3)
3687(3)
352(3)
958(3)
weiß(3)
weiß(3)
3820(3)
500(3)
745(3)
745(3)
502(3)
3846(3)
3846(3)
601(3)

Baby im Anflug

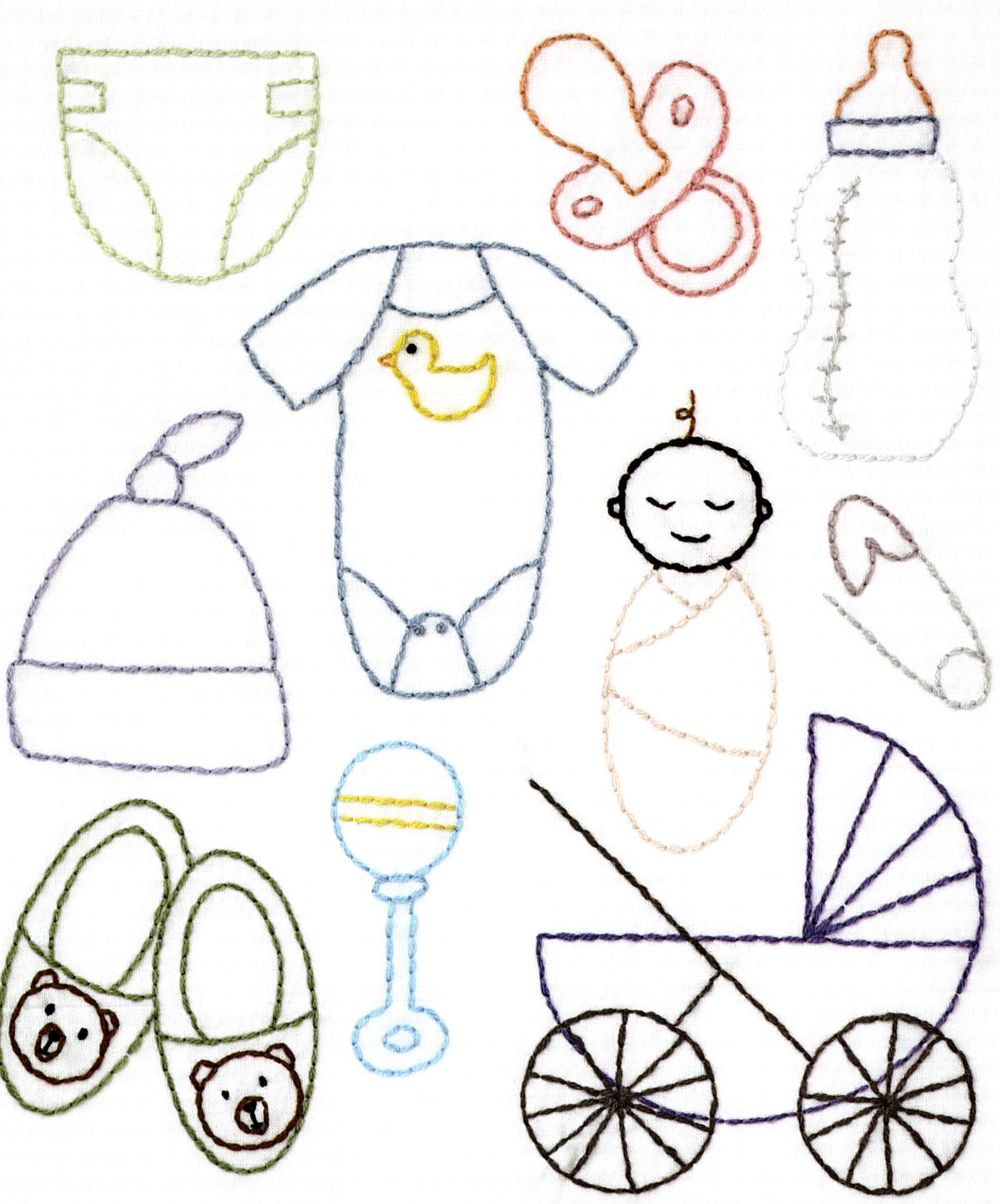

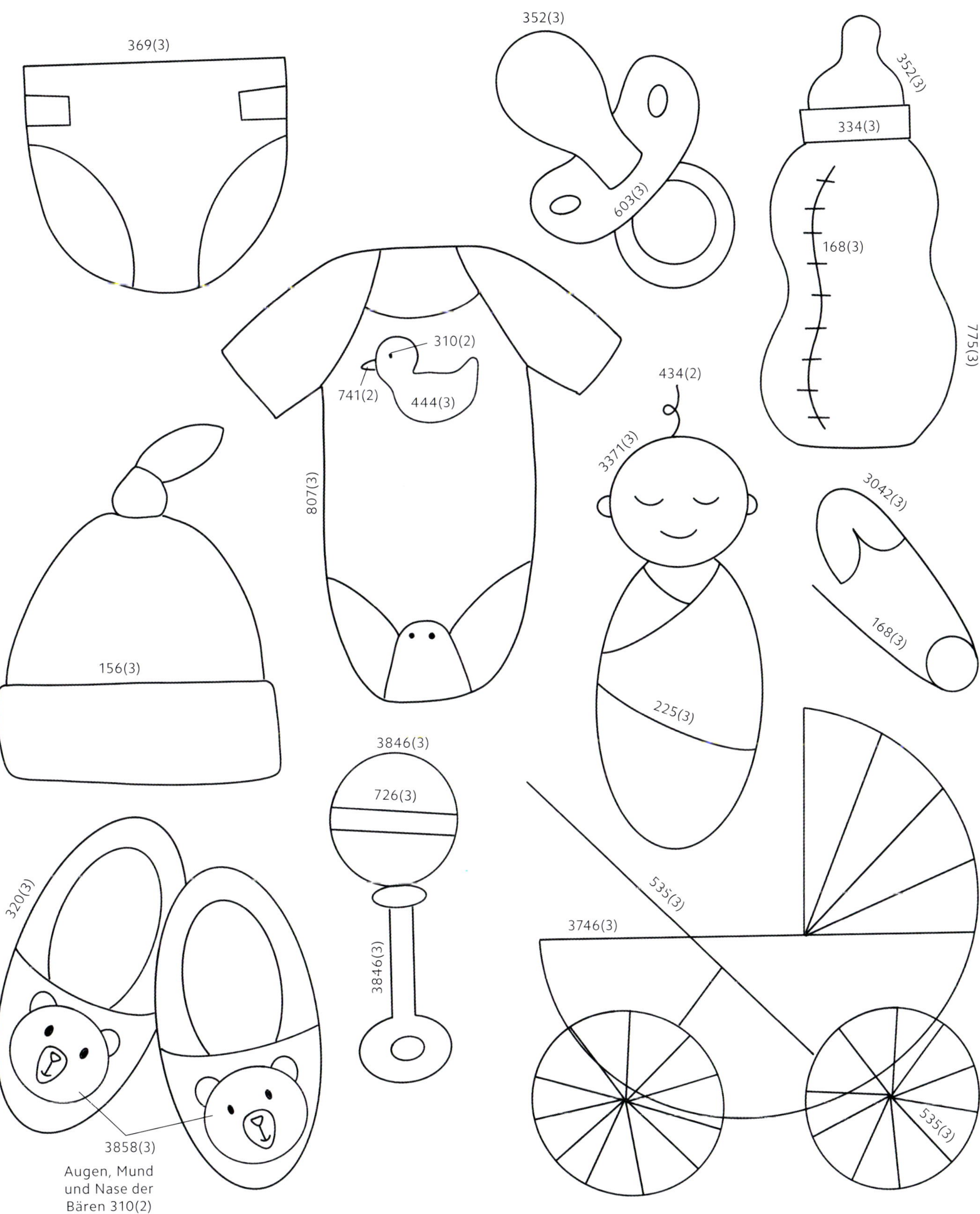
369(3)
352(3)
352(3)
334(3)
603(3)
168(3)
310(2)
741(2)
444(3)
775(3)
434(2)
807(3)
3371(3)
3042(3)
168(3)
156(3)
225(3)
3846(3)
726(3)
535(3)
320(3)
3746(3)
3846(3)
3858(3)
Augen, Mund
und Nase der
Bären 310(2)
535(3)

Es schneit!

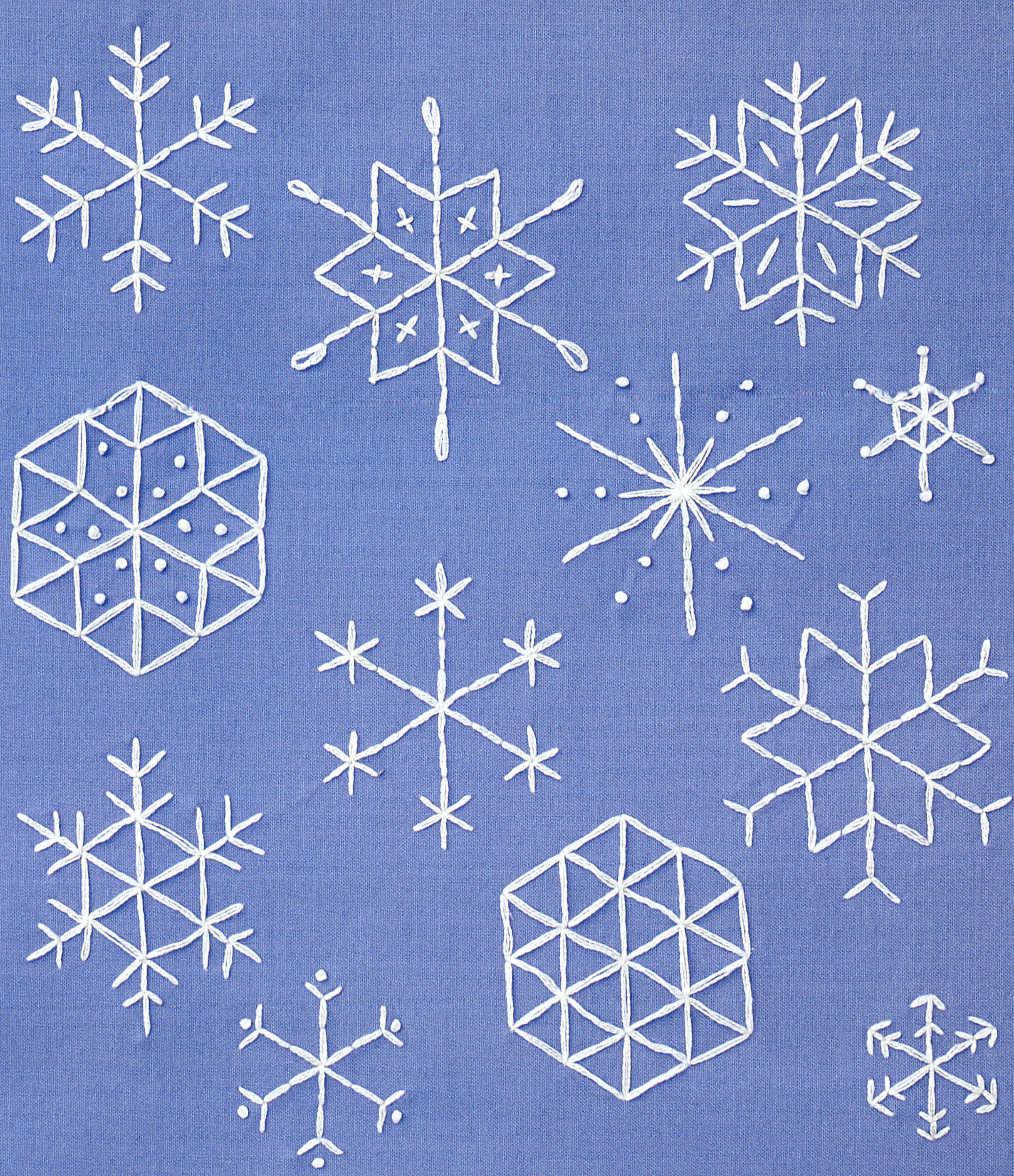

Alle Stiche weiß(3)

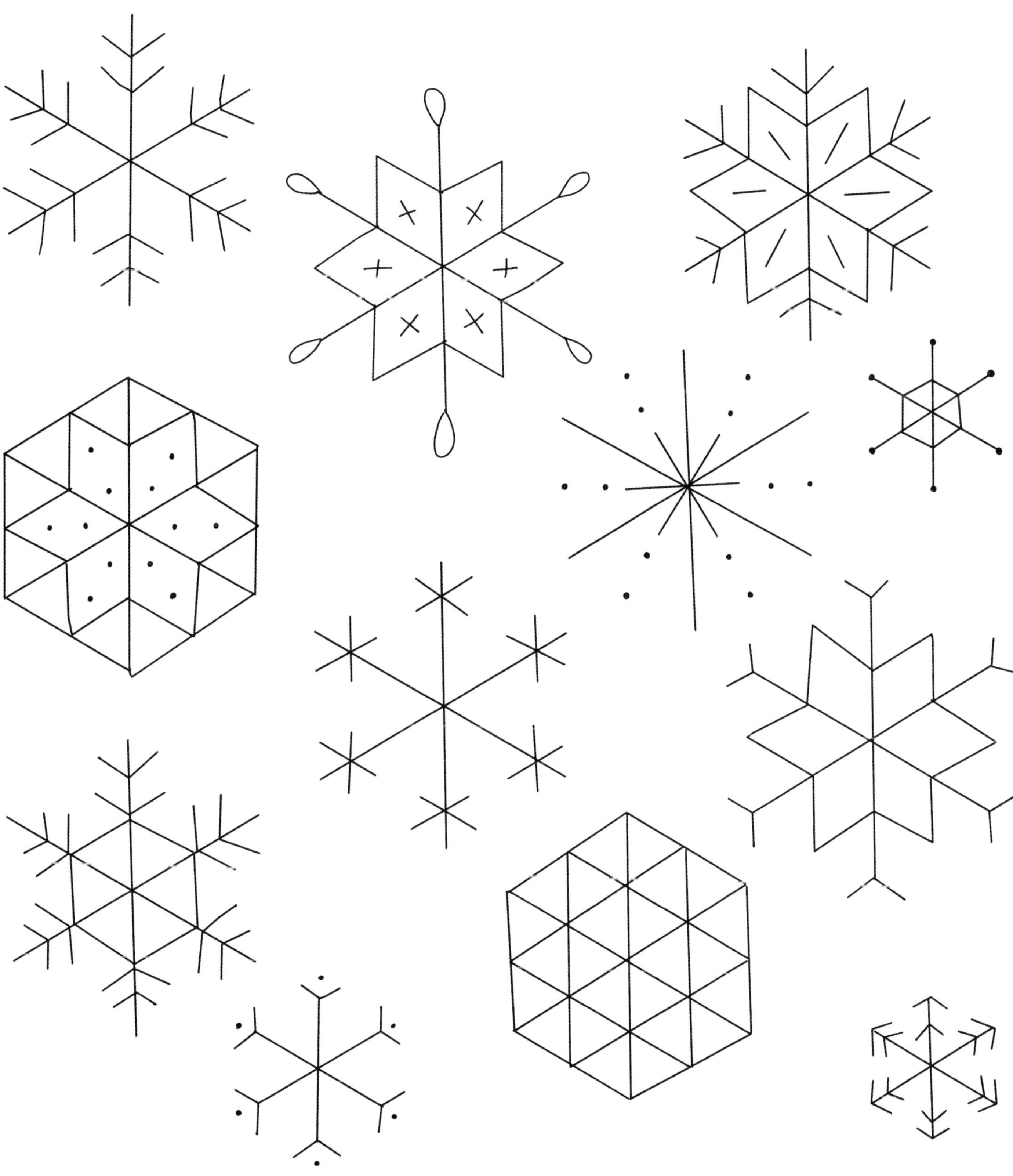

Sonne, Mond und Sterne

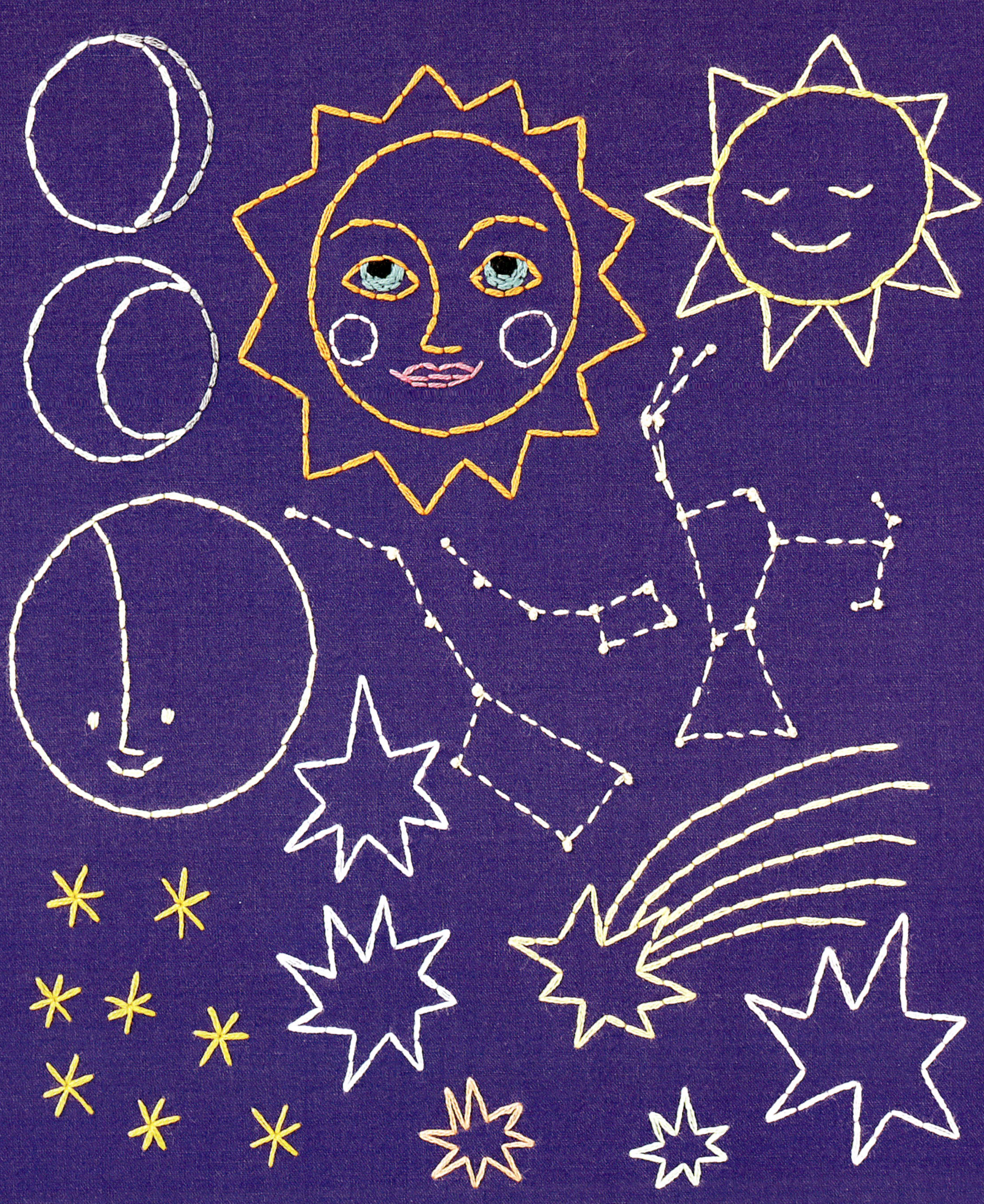

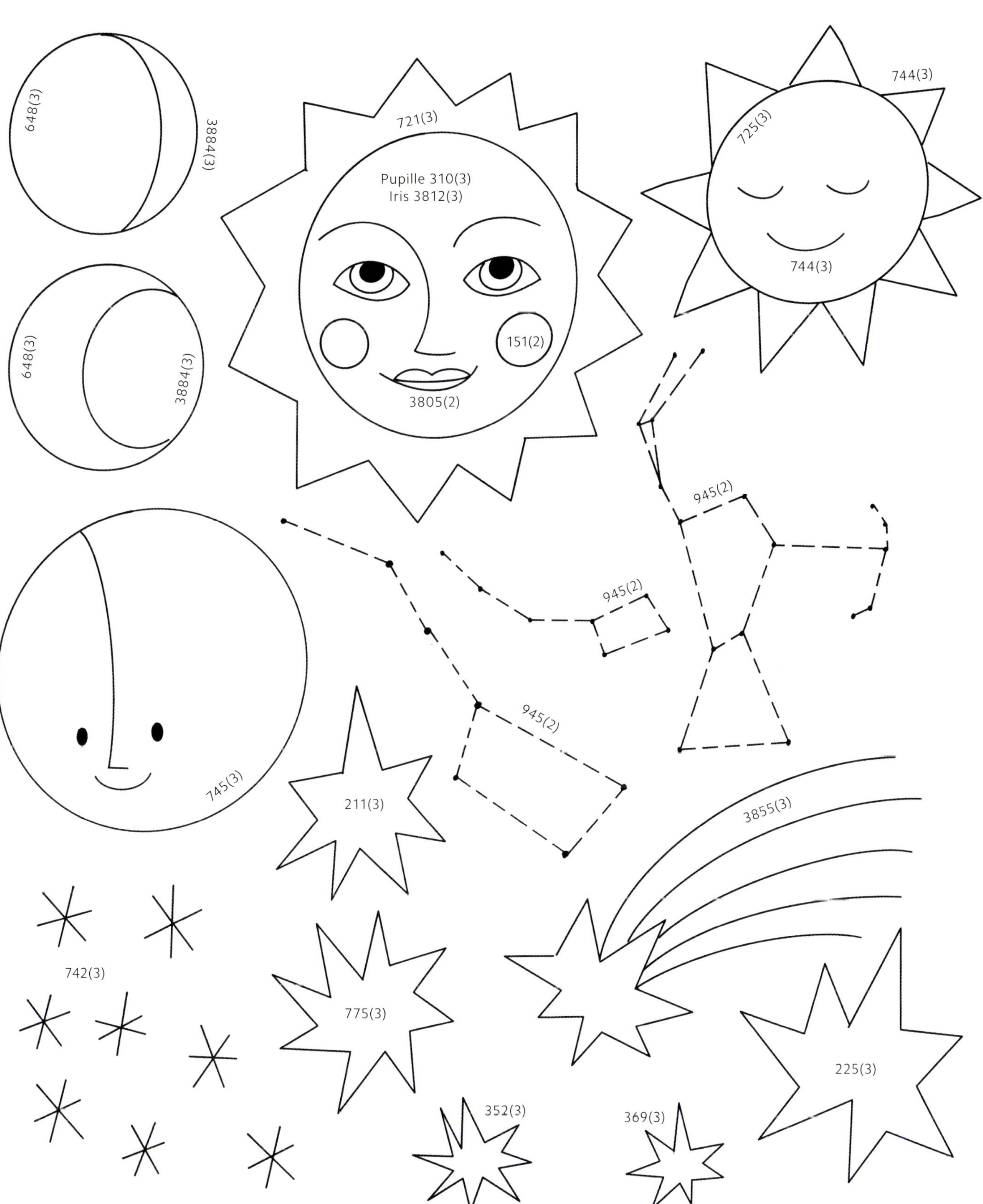
648(3)
3884(3)
721(3)
Pupille 310(3)
Iris 3812(3)
744(3)
725(3)
744(3)
648(3)
3884(3)
151(2)
3805(2)
945(2)
945(2)
945(2)
745(3)
211(3)
3855(3)
742(3)
775(3)
225(3)
352(3)
369(3)

Es stürmt!

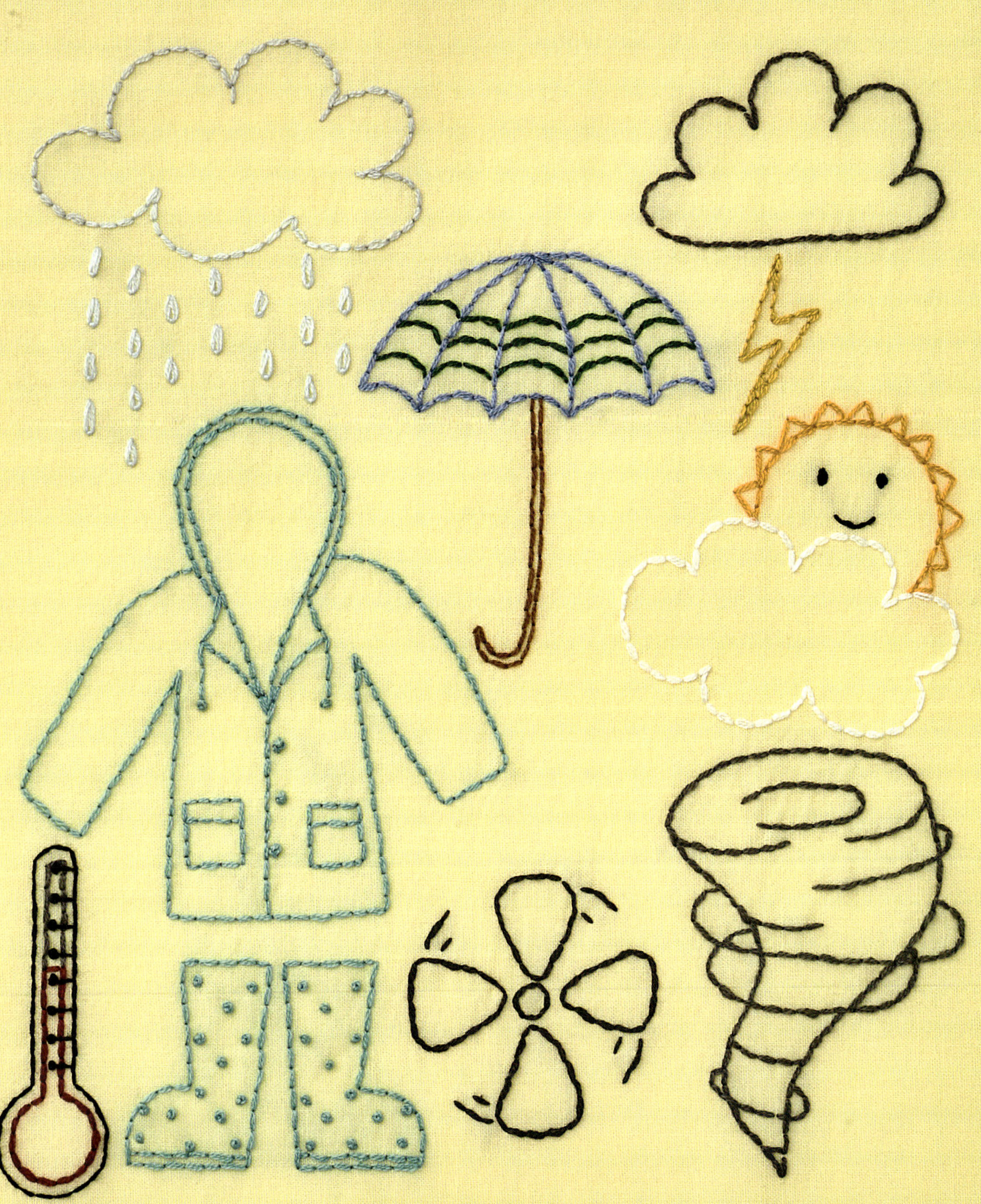

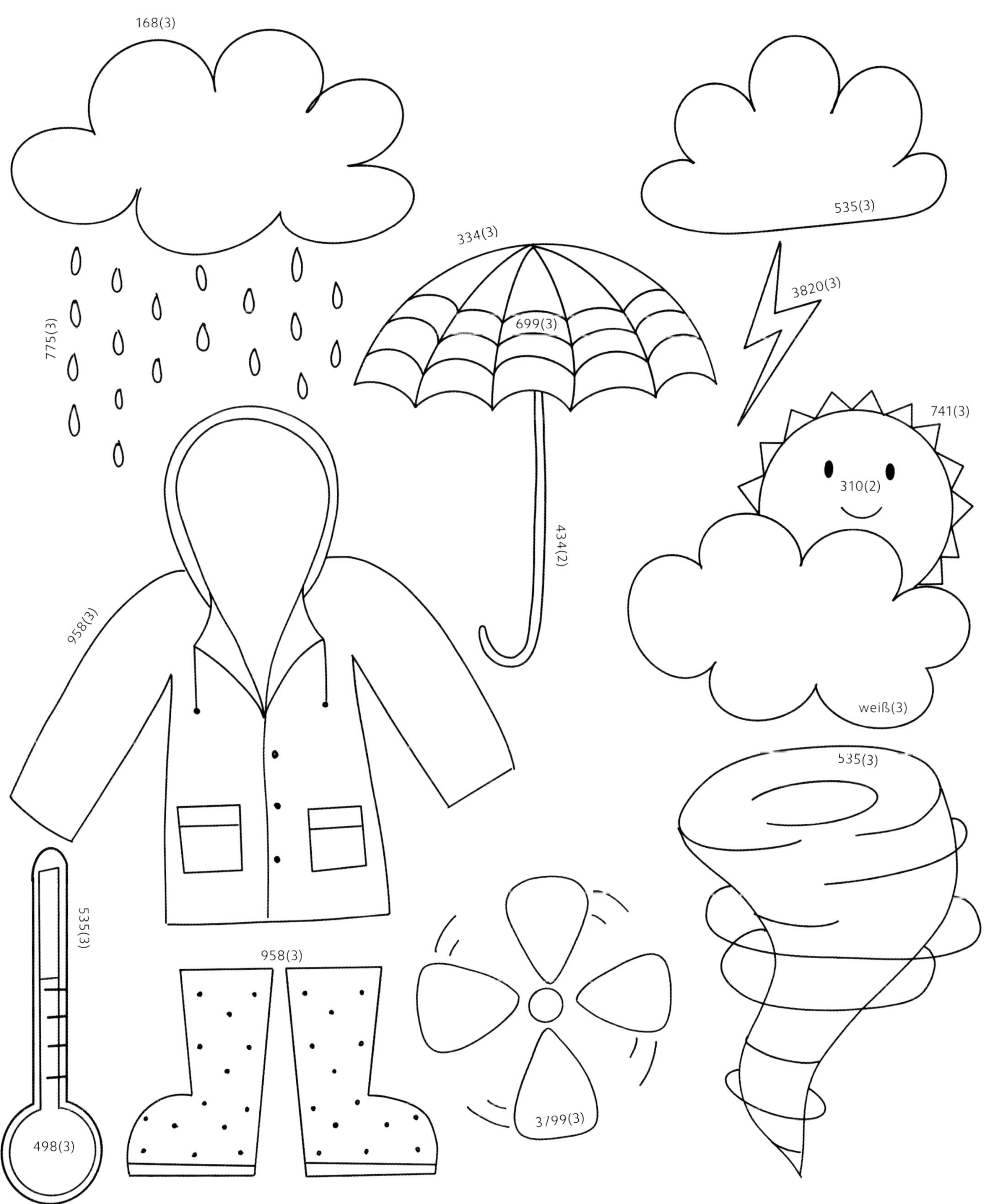
168(3)
535(3)
334(3)
3820(3)
775(3)
699(3)
741(3)
310(2)
434(2)
958(3)
weiß(3)
535(3)
535(3)
958(3)
3799(3)
498(3)

Alphabet

Aa Bb Cc Dd
Ee Ff Gg Hh
Ii Jj Kk Ll Mm
Nn Oo Pp Qq
Rr Ss Tt Uu
Vv Ww Xx Yy
Zz

Alle Stiche 600(3)

Aa Bb Cc Dd

Ee Ff Gg Hh

Ii Jj Kk Ll Mm

Nn Oo Pp Qq

Rr Ss Tt Uu

Vv Ww Xx Yy

Zz

Zahlen und Banner

0123456
789
! # ~ + ?

Alle Zahlen und Zeichen 550(3)

3820(3)

334(3)

600(3)

699(3)

922(3)

333(3)

Hübsche Rahmen

weiß(3)
550(2)
535(3)
922(2)
3820(3)
922(3)
500(2)
958(3)
823(3)
601(3)
498(3)

Tierkreiszeichen

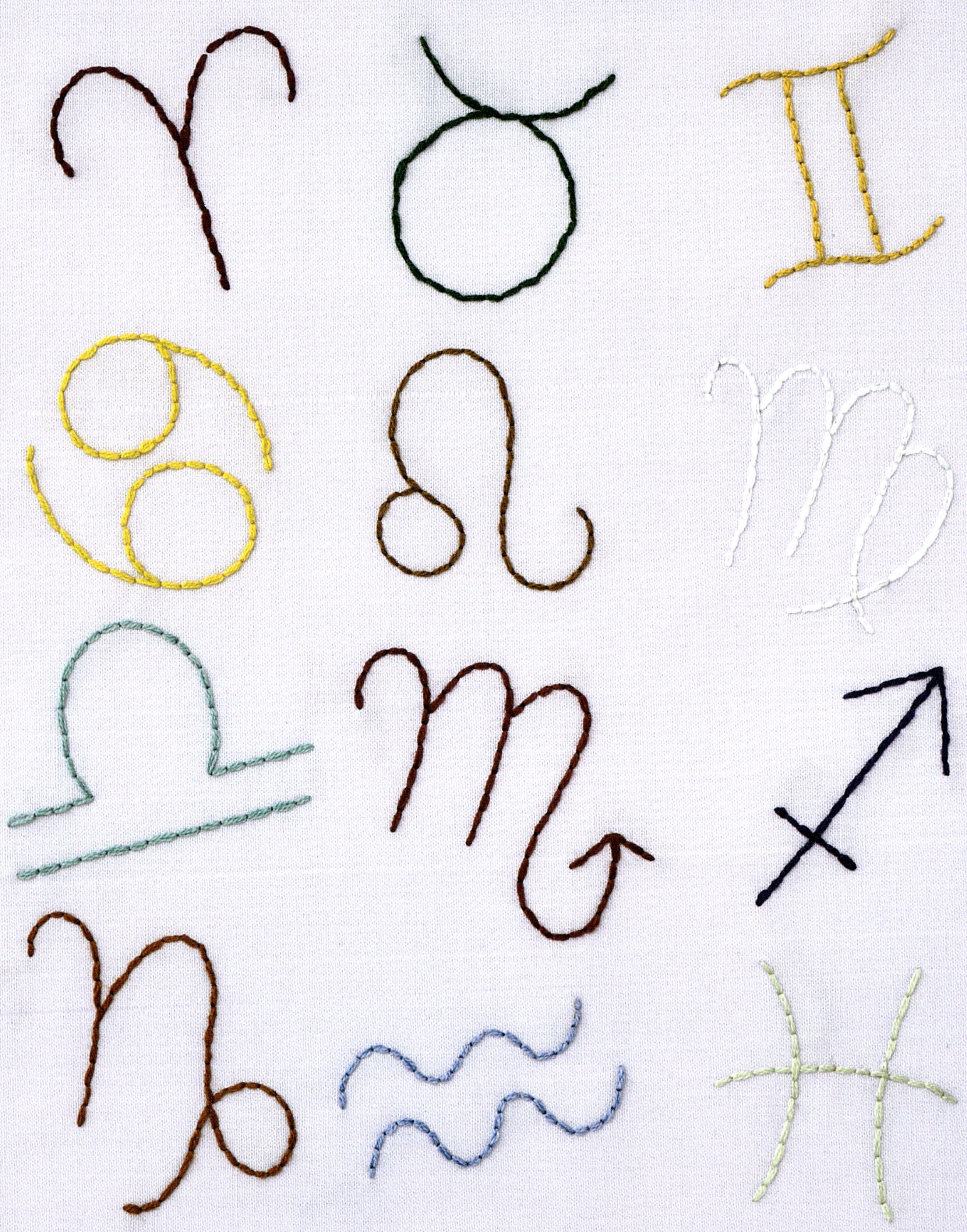

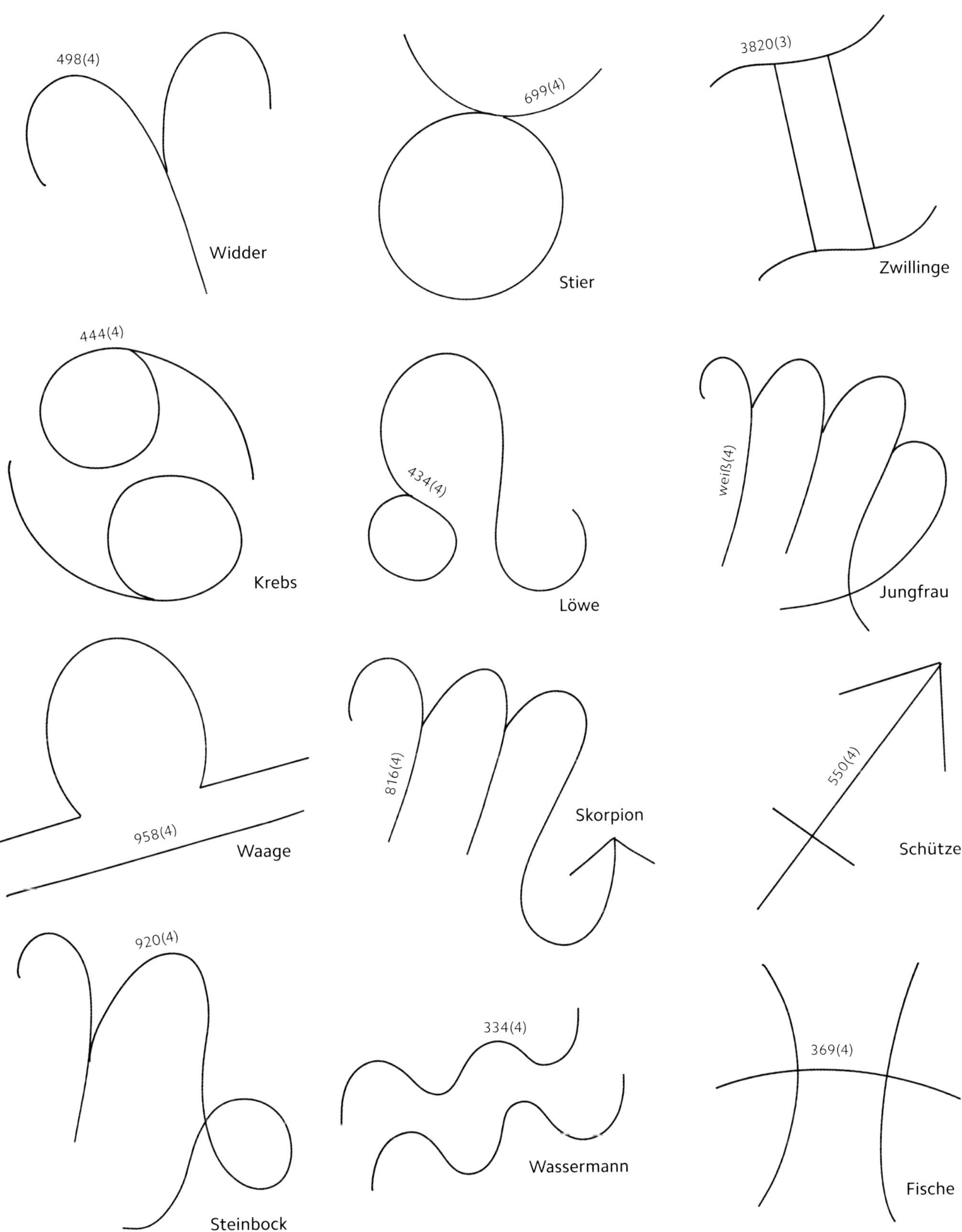
498(4)
Widder
699(4)
Stier
3820(3)
Zwillinge
444(4)
Krebs
434(4)
Löwe
weiß(4)
Jungfrau
958(4)
Waage
816(4)
Skorpion
550(4)
Schütze
920(4)
Steinbock
334(4)
Wassermann
369(4)
Fische

Paisley Power

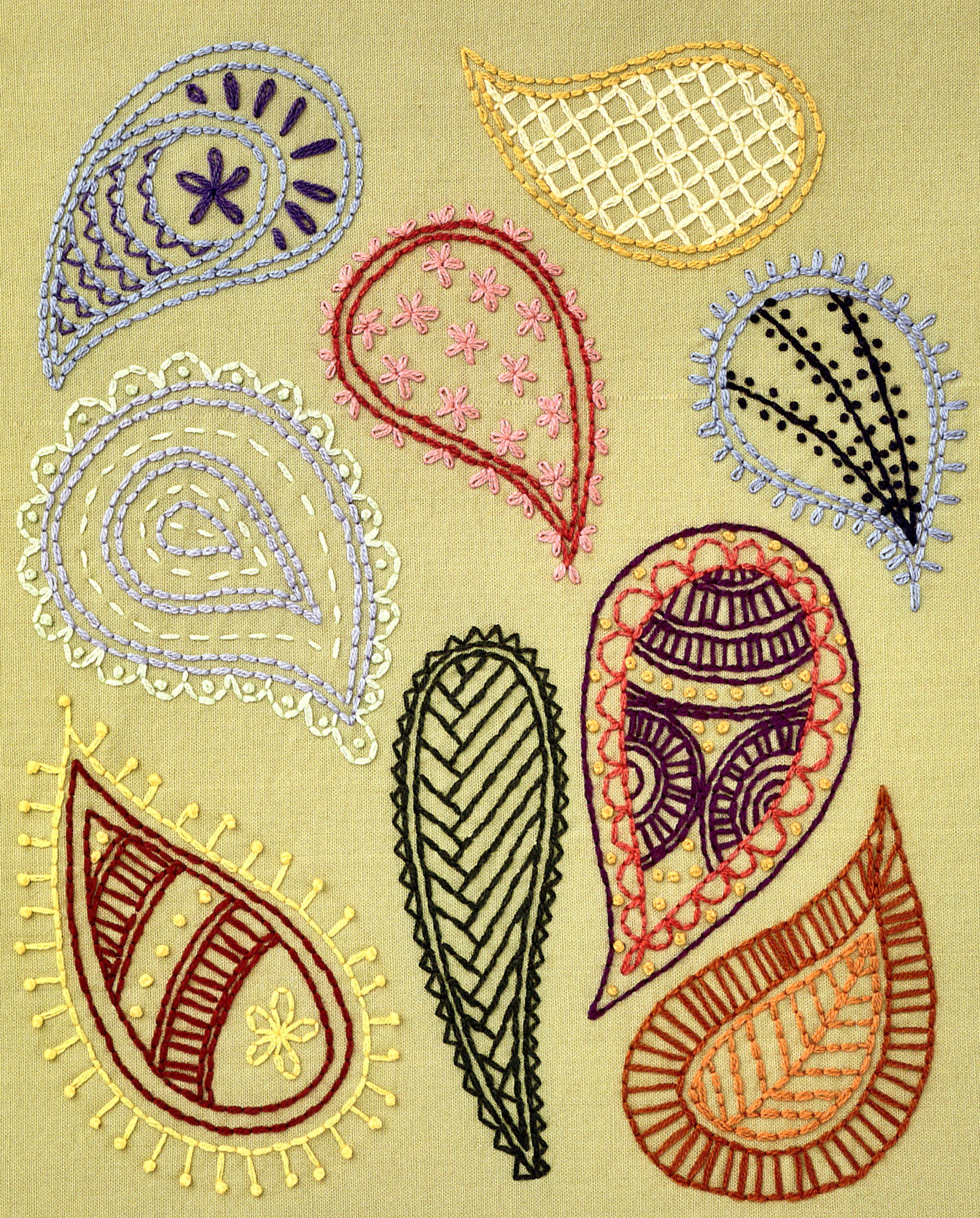

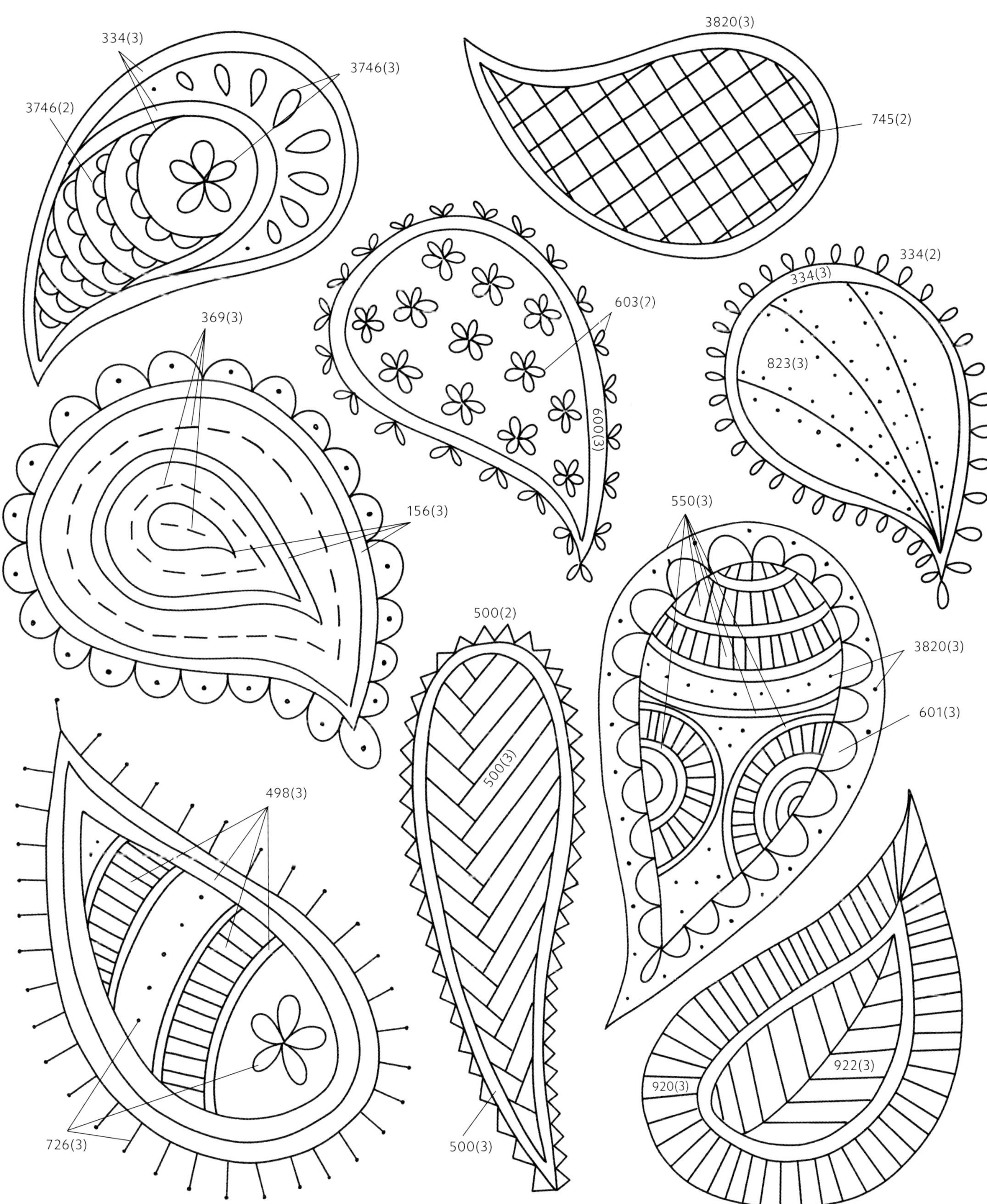
334(3)
3746(3)
3746(2)
3820(3)
745(2)
369(3)
603(2)
600(3)
334(2)
334(3)
823(3)
156(3)
550(3)
500(2)
500(3)
3820(3)
601(3)
498(3)
922(3)
920(3)
726(3)
500(3)

Schöne Bordüren

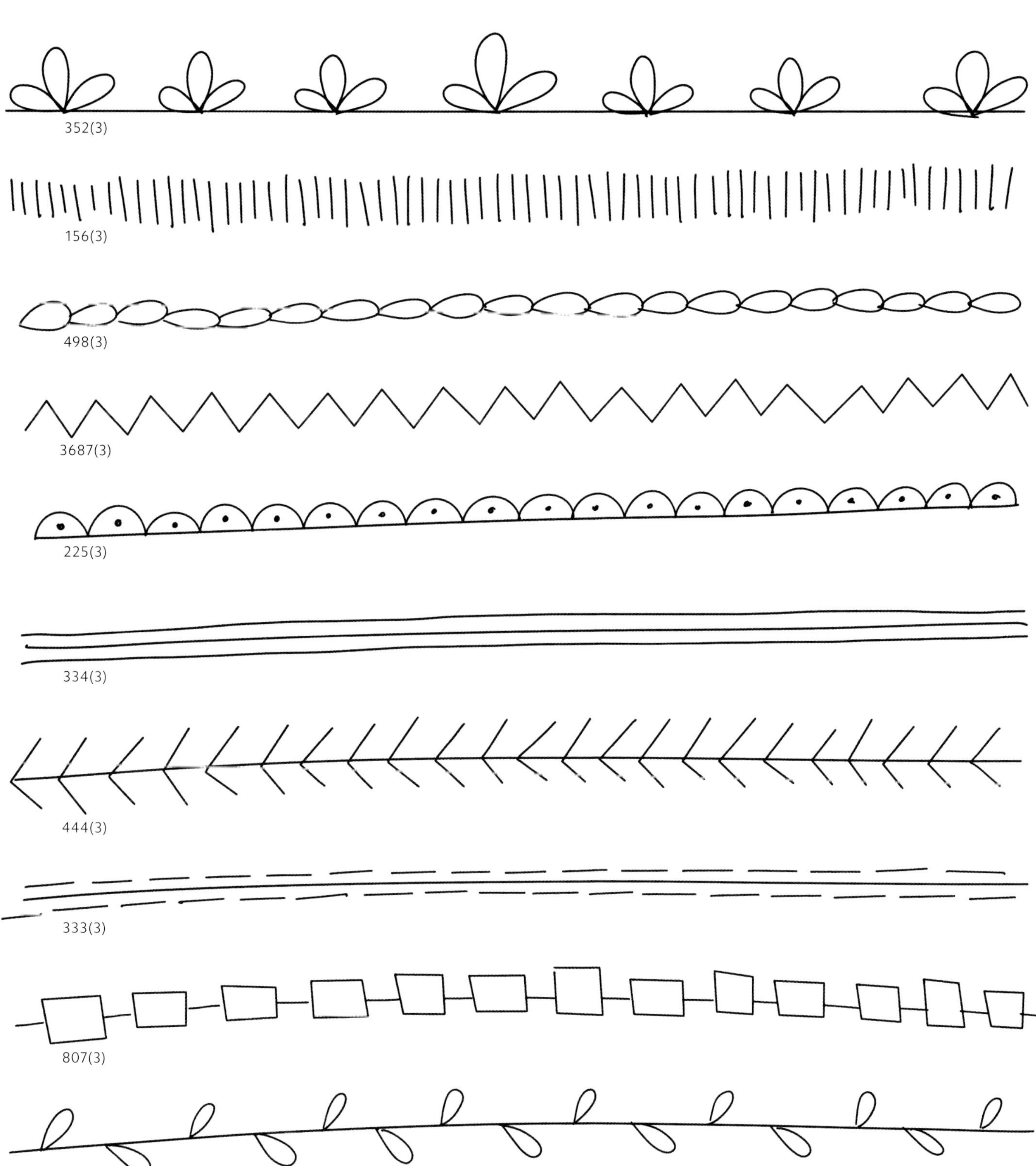
352(3)
156(3)
498(3)
3687(3)
225(3)
334(3)
444(3)
333(3)
807(3)
502(3)

Materialien

Alle in diesem Buch verwendeten Materialien sind im Internet erhältlich oder direkt bei der Autorin (www.shinyhappyworld.com). Das meiste werden Sie auch in Handarbeitsläden in Ihrer Nähe bekommen.

Garn: Alle Muster in diesem Buch wurden mit sechsfädigem DMC-Sticktwist gearbeitet. Dieses Garn ist in allen Handarbeitsläden und online erhältlich. Das Cover wurde mit dem Garn Sulky Petites 12-wt. gearbeitet, das online erhältlich ist.

Stoff: Alle Muster wurden auf Kona Cotton solid fabrics von Robert Kaufman Fabrics gestickt, die etwas schwerer sind als die meisten Baumwollstoffe. Sie sind in Online-Shops erhältlich.

Rahmen: Meine bevorzugten Stickrahmen stammen von Hoop-la. Sie sind aus Kunststoff (keine Splitter!) und es gibt sie in allen Regenbogenfarben und vielen Größen. Und sie haben eine schöne große Schraube zum einfachen Befestigen. In Deutschland sind sie allerdings schwer erhältlich, aber es gibt eine große Auswahl an anderen Stickrahmen in Handarbeitsgeschäften und Online-Shops.

Stabilisatoren: Ich verwende Sulky Sticky Fabri-Solvy® für alle meine Stickarbeiten. Im deutschen Sulky-Shop ist dieses Produkt nicht erhältlich, aber es gibt ähnliche Produkte (www.sulky-shop.de). Sie können es aber auch in anderen Online-Shops oder bei der Autorin beziehen.

Über die Autorin

Wendi beschäftigt sich schon ihr ganzes Leben lang mit Handarbeiten. Zu ihren frühesten Erinnerungen gehört ein Set Stickgarn, das sie zu Weihnachten bekommen hatte. Sie fing sofort an zu sticken – viele Stunden lang stickte sie Pilze und kleine Blumen auf ein Stück Stoff, bis sie schließlich merkte, dass sie beim Sticken ihr Nachthemd mitgefasst hatte. Das macht sie inzwischen nicht mehr, obwohl sie schon mal ihren Oberschenkel mit einem Nadelkissen verwechselt :-).

Heute entwirft sie Stick-, Näh-, Quilt- und Häkelmuster vor allem für Anfängerinnen. Zu allen ihren Vorlagen gibt es Links zu Video-Anleitungen, die alles Wissenswerte zur Realisierung des Projekts zeigen. Sie möchte ihren Kursteilnehmerinnen vermitteln, dass sie neben ihnen im Wohnzimmer auf dem Sofa sitzt und sie beim Erlernen dieser großartigen Techniken unterstützt.

Wendi liebt gutes Essen, gute Bücher und kann unmöglich ohne Nadel und Faden in der Hand fernsehen. Sie lebt in Asheville, North Carolina, mit ihren talentierten Mann, dem Autor Alan Gratz, ihrer fantastischen Tochter Jo und dem neurotischen Hund Augie.

Folgen Sie Wendi auf:
www.shinyhappyworld.com
www.facebook.com/groups/854216274691588
instagram.com/wendigratz
www.pinterest.com/wendi_gratz